U0933662

2020年度大连外国语大学学科建设专项经费资助项目

2020年度辽宁省社会科学规划基金重点项目“辽宁省城市化的结构性缺陷及其社会风险治理研究”（项目编号：L20AJL005）阶段性研究成果

城市经济高质量发展的空间差异及收敛性研究

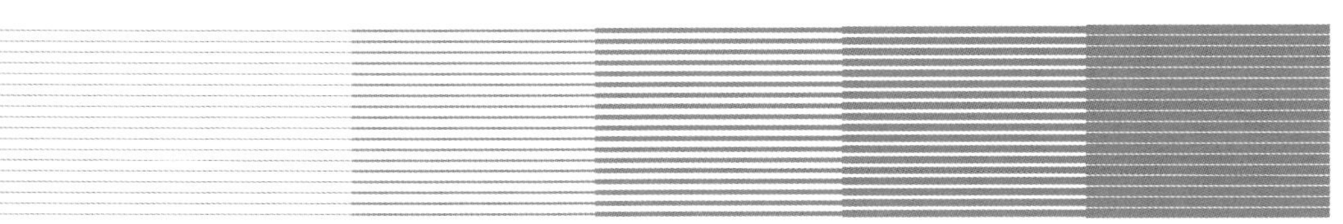

张景波 著

中国财经出版传媒集团
经济科学出版社
Economic Science Press

图书在版编目（CIP）数据

城市经济高质量发展的空间差异及收敛性研究/张景波著.
—北京：经济科学出版社，2021.1
ISBN 978-7-5218-2025-6

Ⅰ.①城… Ⅱ.①张… Ⅲ.①城市经济-经济发展-研究-中国 Ⅳ.①F299.21

中国版本图书馆CIP数据核字（2020）第210347号

责任编辑：周国强
责任校对：王苗苗
责任印制：王世伟

城市经济高质量发展的空间差异及收敛性研究
张景波 著
经济科学出版社出版、发行 新华书店经销
社址：北京市海淀区阜成路甲28号 邮编：100142
总编部电话：010-88191217 发行部电话：010-88191522
网址：www.esp.com.cn
电子邮箱：esp@esp.com.cn
天猫网店：经济科学出版社旗舰店
网址：http://jjkxcbs.tmall.com
固安华明印业有限公司印装
710×1000 16开 12印张 2插页 200000字
2021年1月第1版 2021年1月第1次印刷
ISBN 978-7-5218-2025-6 定价：68.00元
（图书出现印装问题，本社负责调换。电话：010-88191510）

前　言

中共十九大报告指出，中国特色社会主义进入新时代，我国经济已由高速增长阶段转向高质量发展阶段。推动高质量发展，就要建设现代化经济体系，这是跨越关口的迫切要求和我国发展的战略目标。城市作为区域经济发展的核心空间和重要载体，承担着经济发展的重担，如何将经济高质量发展理念深入贯彻落实到城市空间中，进而实现城市经济的高质量发展已成为诸多城市追求的目标和价值取向，不但对于城市经济社会的可持续发展产生正能量，也有助于推动整个经济体系迈向现代化之路。改革开放40多年来，我国城市经济发展取得历史性的成就，经济规模总量不断扩大、经济结构格局逐步优化、自主创新水平大幅度提升、城市基础设施持续完善、对外开放纵深发展等等，对于中国经济社会的发展做出了重大贡献。然而，在成就的背后依旧存在着系列性的现实问题，以交通拥堵、环境污染、公共服务共享水平低、资源利用效率不足等为代表的城市问题阻碍了城市经济可持续发展，这将对城市经济高质量发展带来阻碍。因此，如何深度革除这些阻碍因素，进而实现城市经济高质量发展已成为理论界和城市政府部门关注的关键命题。

城市经济高质量发展问题属于城市经济发展中的战略性问题。传统的城市经济发展中，大多关注的是城市经济规模总量的增加，通过总量增长率来反映城市经济发展水平，往往更侧重于数量方面的增加；然而，新时代的背景下，城市经济发展质量不应当单纯地局限在量的增加，而应当更加注重结构和比例的协调，注重是否真正贯彻了“创新、协调、绿色、开放、共享”的五大发展理念，是否将这五大发展理念融入城市经济高质量发展的过程中。在这样的理念指导下，城市经济高质量发展水平呈现出怎样的空间分布格局，又拥有着怎样的演化趋势，却缺乏一个理论联系实际的系统性分析，这对于未来推动实现城市经济高质量发展具有重要的现实意义。因此，本书正是在这样的背景下，对城市经济高质量发展的空间差异及收敛性展开实证分析，以期明确其内在的差异水平及运行趋势，真正实现城市经济高质量发展的初衷。

本书尝试着沿用“城市经济高质量发展的理论分析框架→城市经济高质量发展的成效与面临的挑战→城市经济高质量发展的空间差异分析→城市经济高质量发展的空间收敛性分析→城市经济高质量发展的作用因素分析→城市经济高质量发展的经验探索、基本趋向与政策建议”的逻辑思路链条展开系统性研究与探讨。主要得出以下结论：首先，在五大发展理念的战略思想指导下，从“创新、协调、绿色、开放、共享”五大方面构建了城市经济高质量发展水平的评价指标体系，并利用熵值法对2008～2017年中国31个省（区、市）地级及以上城市经济高质量发展进行了综合测度，明确出其内在的时空演化机制。一方面，从城市经济高质量发展的子系统来看，创新发展、协调发展、绿色发展、开放发展、共享发展水平在2008～2017年间均实现了稳步的提升，为城市经济高质量发展起到了一定的拉动作用；另一方面，受制于经济因素的影响，创新发展以及共享发展在2015年出现了一定程度的下降，而协调发展和开放发展在2014年也经历了小幅度的下降，但经过一段时间的调整后，均实现了再次的提升。同时，这五大发展系统也表现出与经济发展相似的空间格局，其东部发展水平普遍较高，而西部地区和东北地区发展相对较为滞后。从城市经济高质量发展的空间差异来看，2008～2017年间中国实现了城市经济高质量发展水平的稳步提升，且总体呈现出“东部领先、中部追赶、东北和西部滞后”的空间格局。依据城市经济高质量发展水平的均值，将其划分为低水平发展阶段、较低水平发展阶段、正常水平发展阶段、较高水平发展阶段及高水平发展阶段五个等级。其中北京和上海处于高水平发展阶段，广东、江苏和浙江处于较高水平发展阶段，山东处于正常水平发展阶段，且这三个阶段的省市均属于东部地区；天津、河北、辽宁、安徽、福建、河南、湖北、湖南、四川和陕西处于较低水平发展阶段；山西、内蒙古、吉林、黑龙江、江西、广西、重庆、贵州、云南、西藏和甘肃处于低水平发展阶段，均属于中西部和东北地区。其次，基于探索性空间数据模型和 Moran's Ⅰ指数分析城市经济高质量发展的空间自相关性和分布演化情况得出，城市经济高质量发展在 2008 ~ 2017 年间存在着显著的全局空间集聚效应；但是 Moran's Ⅰ指数较低，空间自相关的特征表现不明显，其集聚程度低，整体呈弱集聚格局。而且大多数地区的城市经济高质量发展水平在地理空间上存在着明显的相互依赖性，呈现集聚的特征。再次，通过对城市经济高质量发展水平的空间收敛情况实证分析得出，2008 ~ 2017 年中国城市经济高质量发展并未出现较为明显的 α 收敛，却存在一定的 β 收敛，且收敛速度在 1.5% 左右，并且随着时间的推移呈现出了放缓的发展趋势；中国城市经济高质量发展水平的区域差异存在俱乐部收敛效应；四大经济板块自身内部的 T_{pi} 呈现出明显的收敛趋势，四大经济板块之间的收敛程度 T_{BR} 呈现出由非均衡发展到协调发展的演变趋势。同时，实证考察城市经济高质量发展的作用因素得出，从全国层面来看，非农人口水平、经济规模水平、消费水平、政府干预水平、外资利用水平、科技发展水平对城市经济高质量发展具有正向促进作用；劳动生产率水平、人口密集度与环境污染水平对城市经济高质量发展具有负向阻碍作用。从四大经济板块来看，各个板块均表现为不同的作用因素。对于东部地区而言，经济规模水平、政府干预水平、科技创新水平对其城市经济高质量发展具有正向促进作用，劳动生产率水平和人口密集度具有负向阻碍作用；对于中部地区而言，政府干预水平和科技创新水平对其城市经济高质量发展具有正向促进作用，人口密集度和环境污染水平具有负向阻碍作用；对于西部地区而言，经济规模水平、政府干预水平、人口密集度、科技创新水平对其城市经济高质量发展具有正向促进作用，消费水平、劳动生产率水平和环境污染水平具有负向阻碍作用；对于东北地区而言，非农人口水平、政府干预水平、外资利用水平对其城市经济发展高质量水平具有正向促进作用，人口密集度具有负向阻碍作用。最后，基于实证分析结果和对国内典型城市在经济高质量发展方面的经验进行归纳概括得出，对城市经济高质量发展的基本趋向做了研判，在此基础上从树立新发展理念、强化创新驱动能力、优化城市规模分布、推动形成全面开放新格局及完善城市公共服务建设等方面提出具有针对性和可操作性的城市经济高质量发展的政策建议。

本书在综合运用理论分析和实证分析相结合、比较分析与归纳分析相结合等相关研究方法的基础之上，力求取得一定的创新：第一，基于城市经济高质量发展的本质、核心特征、现实基础和内在要求等探索性搭建起城市经济高质量发展的理论分析框架，明确出城市经济高质量发展的核心特征是创新发展、协调发展、绿色发展、开放发展和共享发展，并在此基础上对中国城市经济高质量发展的水平进行综合测度，实证检验其空间收敛性，明确其内在的空间差异和收敛机制，属于理论指引下的实践创新。以往的研究中多关注城市经济发展水平或是经济高质量发展水平，对于城市经济高质量发展的理论框架尚未形成一个系统性认知；而且城市经济高质量发展的实际运行状态如何，呈现出怎样的空间差异，却也缺乏一个理论性的指导和实践性认识。在城市空间作用不断提升且城市经济领域逐步受到关注的情况下，需要在科学理论的指导下识别出城市经济高质量发展的区域差异，方能实现城市经济高质量发展的初衷。第二，实证测度城市经济高质量发展各个子系统水平和综合水平，明确其空间差异，总体呈现“东部领先、中部追赶、西部和东北滞后”的空间格局；并在此基础上分析城市经济高质量发展的空间自相关性和分布演化情况，得出城市经济高质量发展存在着显著的全局空间集聚效应，但集聚程度低，整体呈弱集聚格局的研究结论，对于未来城市经济高质量发展具有参照意义，也具有明显的实践创新价值。已有研究中对于城市经济高质量发展的关注度不高，而且呈现出怎样的空间格局也没有形成科学性认知，特别是对城市经济高质量发展的空间关联性缺乏系统性分析。未来的城市经济运行中，若要全方位提升高质量发展水平，除需要弄清楚内在的空间差异外，还应当对其空间集聚水平有一个明确认识，这对于实现城市经济高质量发展水平的整体性提升具有特定的实践指导价值。第三，实证分析城市经济高质量发展的空间收敛情况得出，2008～2017 年中国城市经济高质量发展并未出现较为明显的 α 收敛，却存在一定的 β 收敛，收敛速度在1.5%左右，并且随着时间的推移呈现出了放缓的发展趋势；而且中国城市经济高质量发展水平的区域差异存在俱乐部收敛效应；四大经济板块自身内部的 T_{pi} 呈现出明显的收敛趋势，四大经济板块之间的收敛程度 T_{BR} 呈现出由非均衡发展到协调发展的演变趋势。这种实证结果对于合理认识中国城市经济高质量发展的运行趋势及未来制定出科学有效的差异化政策建议提供思路，属于实践状态下的创新类型。已有研究中并没有对城市经济高质量发展的空间收敛性展开全方位分析，而空间收敛性的识别对于城市经济可持续运行和高质量发展具有重要的理论和现实意义。在未来城市经济高质量发展进程中，如何进一步缩小其空间差异，实现均衡协调发展引导下的城市经济高质量目标，对于全方位实现城市经济高质量发展具有关键性作用。第四，实证分析城市经济高质量发展的作用因素，甄别出非农人口水平、经济规模水平、消费水平、政府干预水平、外资利用水平、科技发展水平对城市经济高质量发展具有正向促进作用；劳动生产率水平、人口密集度与环境污染水平对城市经济高质量发展具有负向阻碍作用；且四大经济板块城市经济高质量发展的作用因素明显不同。这种实证结果对于合理认识中国城市经济高质量发展的作用机制及未来制定出科学有效的差异化政策建议提供思路，属于机制挖掘状态下的创新类型。以往的研究中并没有对城市经济高质量发展的作用因素展开全方位分析，而这些作用因素的识别，对于城市经济可持续运行和高质量发展具有重要的理论和现实意义。在未来城市经济高质量发展进程中，如何全面提升并释放正向作用因素的功效，深度革除负向阻碍作用因素的不利影响，对于实现城市经济高质量发展的目标具有关键性作用。

因此，本书尝试对城市经济高质量发展的基本问题展开分析，在充分梳理国内外关于城市经济高质量发展相关研究的基础之上，结合城市发展实际，构建出较为完整的理论分析框架，有助于深化新时代中国特色社会主义理论的建设框架，丰富框架的理论体系，拓展经济高质量发展的理论应用范畴，推动多学科的理论交融。通过对城市经济高质量发展的实证分析，有助于明确其内在的空间异质性、空间关联性、空间收敛性及作用因素，为未来城市经济高质量发展提供实证参考；也有助于深化城市经济领域的体制机制改革，成为推动国家治理现代化的重要环节。

目　录

第1章 绪　论

中共十九大报告指出：“我国经济已由高速增长阶段转向高质量发展阶段，正处在转变发展方式、优化经济结构、转换增长动力的攻关期”。这是对我国经济发展阶段变化和现在所处关口做出的一个重大判断，为今后我国经济发展指明具体方向、提出任务，具有重大现实意义和深远历史意义。城市经济高质量发展作为经济高质量发展的一个维度，关系到的不仅是城市发展质量和效率问题，而是涉及城市发展的方方面面，如何实现城市经济高质量发展成为未来城市经济运行中必须深思的话题。在传统的发展进程中，出现了诸多阻碍城市经济可持续运行的因素，既有创新度不足和协调度不够的体现，也有共享性不强和开放性不深的意涵，导致整个城市经济处于低水平的发展阶段。而如何深度革除这些障碍因素，全方位提升城市经济的创新性、协调性、共享性及开放性等发展水平，对于整个城市空间结构体系优化和经济高质量发展水平的提升都有着重大意义。因此，本书正是在这样的研究基调下，对城市经济高质量发展的空间差异和收敛性展开探索性的分析，明确其内在的差异状态和演化趋势，进而为城市经济高质量发展目标的实现提供实证参考依据。

1.1 研究背景和意义

1.1.1 研究背景

改革开放四十多年来，中国的经济发展水平取得了显著有效的成就，2018 年我国国内生产总值达到了 90.03 万亿元人民币，是 1978 年的 240 余倍，宏观经济规模总量取得历史性的突破，体现出我国经济发展的良好态势。然而，在经济规模总量不断增长的背后，经济发展质量问题日益凸显，越来越受到理论界和政府部门的高度重视。经济结构失衡、贫富差异明显、资源利用效率低等特征事实逐渐暴露出来，经济发展的可持续性与环保性逐渐引起人们的广泛关注，开始将注意力从经济的数量增长逐渐向质量提升方面转变，并日渐深化成发展城市经济、提升发展效果的关键性举措。在 2015 年中央经济工作会议上，习近平总书记强调，经济增长要保持合理的速度，但是工作成效的检查，要实现由以前只看经济增长速度向主要看质量和效益有多好的转变。2018 年中央经济工作会议上也指出，目前，我国经济已由高速增长阶段转向高质量发展阶段，推动高质量发展，属于经济发展的运行方向和基本目标，是我国保持经济可持续发展的必然要求，也是遵循经济规律发展所要达成的趋向。众所周知，一方面，国家仍旧注重保持一定的经济增长速度；另一方面，提高经济增长质量的重要性越来越受到高度青睐。中共十九大报告指出，新时代我国社会矛盾已由人民日益增长的物质文化需要与落后的社会生产间的矛盾转向人民对美好生活的向往与不平衡、不充分的发展之间的矛盾，主要矛盾的变化能够折射出物质文化需求的层次状态，不再是单纯地追求较低层次的物质文化需求，而是逐步转向高层次的需求态势，反映了我国进一步发展的主要限制已从落后的生产力转变为低质量的发展模式。这也要求我们，未来的经济发展中应当坚持以质量革命为主线不断发展生产力，日渐提升产品的供给能力和质量，尽力满足广大人民群众对高品质生活的强烈诉求。要解决新时期发展的不平衡和不充分，满足人民日益增长的美好生活需要，必须以经济的高质量发展为基本立足点，将实现经济高质量发展作为宏伟的战略目标予以推进。以习近平同志为核心的党中央以高超的政治智慧、强烈的使命担当、宏大的战略格局，提出高质量发展，这是适应我国目前发展现阶段特点的必然要求，是保持我国经济长期健康稳定发展的必然要求，也是时代和历史发展趋势的必然要求。① 只有坚持质量优先发展，才能满足日益增长的中高端消费需求，有效缩小地区差距，解决产能过剩和供需矛盾的现实问题。

高质量发展是满足人民日益增长的美好生活需求的发展，是新发展观的具体体现。按照这一定义，经济发展要重视社会生活，坚持创新、协调、绿色、开放及共享。同时也表明，当前的经济发展是以满足人民群众对美好幸福生活的需要为基础，以新的发展观为行动原则的。这一定义与新常态下的高质量发展略有不同，它强调民生的重要性，是一种包容的、普遍的发展，是一种实现经济、社会和自然同步的“共同进化”类型。② 高质量发展能够更好地满足人民不断增长的真实需要。③ 这种发展方式不仅要注重生产的有效性和发展的公平性，还应考虑生态环境建设以及人的全面发展。④ 另外，从实践层面考虑，高质量发展还要求遵循经济发展规律，推进经济结构向中高端迈进，通过创新驱动探索文明发展的道路。⑤ 因此，高质量发展包含的领域是方方面面的，不仅重视发展的结果，更重视发展的过程；不仅重视当前发展的动力，更重视未来发展的潜力和方向；不仅重视发展的物质产出，更重视发展的精神产出；等等。可以认定，五大发展理念是我国向高质量发

---

① 吕守军，代政. 新时代高质量发展的理论意蕴及实现路径［J］. 经济纵横，2019（3）：16－22.

② 王伟光. 当代中国马克思主义的最新理论成果——习近平新时代中国特色社会主义思想学习体会［J］. 中国社会科学，2017（12）：4－30.

③ 陈昌兵. 新时代我国经济高质量发展动力转换研究［J］. 上海经济研究，2018（5）：16－24.

④ 黄群慧. 改革开放 40 年经济高速增长的成就与转向高质量发展的战略举措［J］. 经济论坛，2018（7）：14－17.

⑤ 任保平. 新时代中国经济从高速增长转向高质量发展：理论阐释与实践取向［J］. 学术月刊，2018（3）：66－74.

展阶段迈进的行动纲领，决定了今后一段时期经济社会发展的目标和价值取向。[①] 因此，它所涵盖的“创新、协调、绿色、开放、共享”这五个方面就是高质量发展的逻辑主线。

城市是全球生产力最为活跃、经济社会活动最为密集的地区，也是我国经济高质量发展的重要空间载体。作为区域以及全国经济发展的重要增长极，城市对于整个地区经济以及全国经济发展具有重要的影响作用甚至是决定性作用。而且城市经济发展质量对于全国经济发展的长期性以及可持续性具有重要的影响力度，城市经济发展质量的高低决定了城市经济发展的技术水平以及潜在方向，对于城市运行体系的效率具有关键影响。如果一个城市经济具有高质量的发展效果，那么它对于社会资源的合理配置以及高效利用能力就相对较强，相应的城市管理水平以及基础设施建设也较为完备，这将继续推进城市资金积累加速，城市发展规模扩大，经济集聚效应不断扩散，城市辐射力以及吸引力不断增强，进而促进整个地区经济发展水平的提升，为高质量的城市经济发展奠定坚实的基础，形成高效的正向循环机制。因此，在整个经济高质量发展的空间链条中，关注城市经济高质量发展具有重大的理论和现实价值，不仅涉及城市空间本身的发展效率和质量问题，而且对于整个宏观经济的高质量发展都起着不可替代的推动作用，城市经济高质量发展势在必行。

城市经济高质量发展问题属于城市领域的重大战略问题，也是诸多城市追求的战略目标。传统的城市经济发展质量中关注的多是总量的增长，通过总量增减来反映城市经济发展质量的高低，无形中将城市经济发展质量与发展速度几乎等同，导致我国城市经济发展质量始终处在不真实的状态之中。如前文所述，经济高质量发展应当是五大发展理念的综合统一，所以，对于城市经济的高质量发展，也应当在坚持五大发展理念基础之上，将五大发展理念落地实施，从“创新、协调、绿色、开放、共享”五个维度科学反映城市经济高质量发展的真正水平。现阶段我国已经进入经济发展的新常态，社会主要矛盾发生着深刻的转变，如何适应新时代的要求，就需要在贯彻五大发展理念的前提下，走城市经济高质量发展的道路，继

---

① 程恩富．论新常态下的五大发展理念［J］．南京财经大学学报，2016（1）：1－7.

续推动城市经济发展水平与发展质量的共同进步，构成新时代城市经济研究的重要课题。

1.1.2　研究意义

通过对城市经济高质量发展的空间差异及收敛性的系统性研究，有着重要的理论和现实意义，具体来看：

第一，对城市经济高质量发展的理论分析和框架构建，有助于深化新时代中国特色社会主义理论的建设框架，丰富框架的理论体系。在坚持习近平总书记新时代中国特色社会主义指导思想的基础上，中国城市经济的高质量发展是以建设现代化的经济体系、社会体系以及生态体系为目标。城市经济高质量发展严格遵循中国特色社会主义理论的指导，是这一理论在现实发展效果的重要体现。本书将对城市经济高质量发展的多维度分析与解读，能够在理论层面深化中国特色社会主义理论的建设框架，有助于在建设体系方面取得高质量发展的理论建树。

第二，对城市经济高质量发展展开全方位立体式的分析，有助于拓展经济高质量发展的理论应用范畴，推动多学科的理论交融。对于经济高质量发展，学者们展开了一定量的研究，得出独具价值的研究结论；而将经济高质量发展理论全面应用到城市领域却不多见，本书基于这一考虑，在城市领域引入经济高质量发展的理论体系，拓展了经济高质量发展的应用范畴。同时，本书在具体的研究中，综合运用城市空间结构理论、创新理论、协同理论等，有助于推动多学科的理论交融，从而形成符合时代发展的新型方法论，有利于思考方式和研究方法的创新，扩展了经济发展质量的内涵及外延。

第三，对城市经济高质量发展的实证分析，有助于明确其内在的空间异质性及空间关联性与收敛性，为未来城市经济高质量发展提供实证参考。首先，城市经济高质量发展时空差异的明确，能够帮助我们从时间和空间两个维度识别出内在异质性；其次，城市经济高质量发展的空间关联性的分析，有助于弄清楚我国城市经济高质量发展的集聚程度；最后，城市经济高质量发展的空间收敛性也有助于明确出未来城市经济高质量发展的运行趋势，对于今后城市经济高质量发展提供参照。因此，本书通过系列性的实证分析得出全国层面和四大经济板块①的基本情况，属于本书的现实意义。

第四，厘清城市经济高质量发展的实际情况，有助于深化城市经济领域的体制和机制改革，成为推动国家治理现代化的重要环节。高质量发展和现代化的国家治理之间的关系在于全面深化改革，城市经济的高质量发展作为深化改革的具体措施，对于城市经济发展和社会治理有着至关重要的价值，有助于促进城市乃至国家治理系统的现代化和高效化。高质量发展促进了政府、社会和市场的协调发展，促进了制度、机制、政策和法律的协调关系的有效形成，促进了党、国家和社会事务的制度化、规范化和程序化治理，能够高效提升党和国家科学执政、民主执政、依法执政的能力，也能够提升政府整合国内外资源和提供高质量公共产品的能力，提升社会调控危机和风险的能力。

1.2 文献综述

经济发展作为全球发展的核心问题历来是各个国家关注的重点，同时也是各国经济学家持续研究的核心命题，基于此，本书进一步梳理并总结了国内外关于城市经济高质量发展研究方向以及现有研究成果，并概括总结出国外已有研究的重点所在。

1.2.1 国外文献综述

就国外已有研究来看，其研究的重点主要集中于对经济发展以及增长的探讨领域，并未对经济高质量发展有深入的研究，具体包括以下几个方面。

1.2.1.1 关于经济增长及质量的研究

1977 年，苏联经济学家卡马耶夫首次定义了经济增长质量的内涵，认为

① 本书主要从东部、中部、西部和东北四大经济板块进行分析。

经济增长的质量包括生活资料的增加和生产资料的增加、产品质量的提高、生产资料效率的提高和消费品数量的增加。之后，巴罗（2002）进一步明确区分了经济增长的内在区别，认为经济增长有着数量与质量之分，并强调经济增长质量是一种很宽泛的概念，指出经济增长质量与经济发展、政治制度、收入分配的各个方面息息相关。经济增长作为经济学发展的核心主题，在世界经济发展的各个阶段都有不同的界定，在增长理论成长的两百多年浮沉史中，前后历经了古典、新古典、新增长与经济增长质量四大主流研究历程，在演化的四个过程中，经济增长理论的逻辑从数量增长转向质量增长。斯密（Smith，1776）以分工角度为理论依据论述资本积累在经济增长过程中的作用；在《经济增长理论》一书中，刘易斯利用人均收入作为衡量经济增长的标准，认为提高普通国民的生活水平就是所谓的经济增长与发展。马尔萨斯（1798）从人口的研究角度着手分析经济增长的各阶段过程。这些古典经济增长理论也逐渐成为现在多维发展的经济增长理论的初始思想源泉与理论基石。在古典经济增长理论框架下，对经济增长的分析只涉及产出水平。此时，经济增长正处于突破传统经济停滞的起飞阶段。整个世界经济属于数量积累时期，质量分析尚未涉及。新古典主义的经济增长理论扩展了传统古典经济学对经济增长动力的研究，熊彼特（1926）利用边际效用价值论取代了主流的劳动价值论，认为经济增长与收入的增加密切相关，为充实经济增长的内涵，将资本积累、人口、资源配置效率等微观要素纳入经济增长的范围内。总体来看，古典与新古典都隶属于数量型经济增长理论阶段，通过要素分析阐释一定时期内国民收入水平的相关问题，着重衡量经济增长的数量标准。而新增长理论的出现预示着质量经济学的兴起，这一阶段发展的经济增长则不再局限于经济增长数值的变化，而更多的关注点则是集中于经济发展的内在质量，索罗（Solow，1956）认为经济发展依靠的是经济的内在技术因素，技术水平的高低能够在很大程度上影响经济发展的方向与质量。到现阶段为止，经济增长数量已经有众多经济学家给出明确的定义以及解释，并形成了众多相关的理论文献，而对于经济发展质量而言，目前仍处于单一的研究层面，大多将经济质量的内在含义概括为经济发展的多维度，即生产过程中要素变动历程的整体，包含最终过程维度中的产品产出量及相关质量的改善。20 世纪之后，托马斯（Thomas，2001）进一步扩充了经济增长质量的深刻内涵，把生态环境的建设保护、经济风险的规避与调控、社会资源内在配置机理等多元素加入经济增长质量的考核中，通过多领域的内容共同构成了经济增长过程中的关键内容；巴罗（Barro，2002）也在经济增长的相关研究中加入教育、健康、收入分配、秩序发展等因素的影响。米拉奇拉等（Mlachila et al.，2014）提出了针对发展中国家的经济增长指数，认为经济高质量发展有别于一般意义上的经济发展，不仅仅表现为经济增长率的提升，还应当表现为全体社会居民福利水平的提升。

1.2.1.2 经济发展质量评价指标体系的研究

1970 年，联合国首次从 16 个指标中构建了经济社会发展评价指标体系，但由于缺乏对环境污染和资源浪费等现实问题的研究，尚没有得到全面推广和使用。1992 年，联合国可持续发展委员会从经济、环境、社会和体制方面建立了“推动力、国家、反应”的概念模型，但过分强调环境对经济的影响，削弱了其他因素的影响力度。1994 年，联合国统计局从经济问题、大气问题、固体废弃物、社会经济活动以及对影响可持续发展进程的主要问题等方面构建了指标体系；该指标体系比较繁杂，而且大多数比较偏重环境方面的指标。1995 年，世界银行用自然资本、社会资本、人工资本和人力资本对其进行了衡量。可持续经济发展水平是抽象的、不确定的，不考虑区域差异，仅以货币来衡量不具备全面推进的条件。2002 年，联合国开发计划署在《人类发展报告》中提出“人类发展指数”，从居民生活水平衡量经济发展水平，充分体现了以人为本，这是一个很大的进步。2003 年，联合国环境问题科学委员会指出，经济发展方面的指标主要包括经济增长、收支平衡、国家债务和存款率等，克服了指标体系、指标数目过多的缺点，并对指标当前值和目标值赋予不同的权重。国外在经济发展质量评价中提出的指标体系往往不直接围绕经济发展质量来进行，而是针对不同的发展水平提出了不同的指标体系。各机构关于经济发展质量的评价指标如表 1－1 所示。

表 1-1　　国外权威机构关于经济发展质量的评价指标

机构名称	主要指标	特点
联合国可持续发展委员会（1992）	包括经济指标、环境指标、社会指标和体制指标在内的“驱动-状态-响应”模型	指标体系主要偏重于现状和历史数据的分析
联合国统计局（1994）	从经济问题、大气问题、固体废弃物、社会经济活动以及对影响可持续发展进程的主要问题等方面构建了指标体系	指标体系比较繁杂，而且大多数比较偏重环境方面的指标
世界银行（1995）	从自然资本、社会资本、人工资本、人力资本四个方面构建指标体系	否定了以人造资本衡量经济社会的可持续发展，但未考虑地域的差异性
联合国开发计划署（2002）	从居民生活水平衡量经济发展水平	将居民生活水平提升到较为重要的地位，但单一指标体系过于笼统
联合国环境问题科学委员会（2003）	经济发展方面的指标主要包括经济增长、收支平衡、国家债务和存款率等	克服了指标体系、指标数目过多的缺点，并对指标当前值和目标值赋予不同的权重

1.2.1.3　城市经济发展质量的研究

城市经济发展质量是城市发展方向的重要体现，国外对于城市经济发展质量的研究大多基于城市竞争力的体现，通过城市系统的多维度强化城市竞争力，以实现城市经济发展质量的迅速提升。丹尼斯（Dennis，1975）则就大都市地区的城市经济发展质量进行了专项研讨，通过新的理论模型，借助数学分析工具对研究区域内的城市经济发展质量进行了实证测度，给出了各地区城市经济发展质量的综合得分，并通过这一分数差异梳理出影响城市竞争力以及城市经济发展质量的核心因素，为后期的城市经济研究提供重要的参考价值。道格拉斯（Douglas，2000）则具体指出城市经济发展质量的内在因素，认为经济结构、人力资源、社会环境以及资源禀赋等都是城市经济发展质量的内在影响因子，必须要重视这些因素的作用机制，即在政策指导过程中渗透其作用，但同时也存在难以客观衡量的弊端，因而在实际操作过程中存在一定的难度。迈克尔（Michael，2003）主要从产业的角度对城市经济发展质量进行系统研究，通过钻石模型剖析了影响城市产业的重要因子，从产业的角度概括出影响城市经济发展的动态机制，认为城市经济发展质量的提升需要依靠产业为主的竞争力的不断上升来实现。斯特里奥斯（Stelios，2005）选取了43个典型国家的城市经济发展质量进行了对比分析，主要选取的是非经济因素，从经济水平之外的维度选取影响城市经济发展质量的因子，最终测算出这些国家城市发展质量的基础水平，考核非经济因素的影响效果。保罗（Paul，2007）则单纯的对知识因素进行了深入的研究，认为知识因素对于城市经济质量发展具有潜在的决定作用，主要是通过带动社会人力资本水平以及科技发展水平发挥作用，且这一作用在未来的城市经济发展中会发挥得更强烈。乔里亚诺普洛斯（Chorianopoulos，2010）选取了雅典作为典型城市进行细化说明，对其城市内部空间规划、土地利用均做了基本介绍，并通过空间规划这一角度说明其与城市经济发展质量的内在关系，认为在城市经济发展的过程中应重视土地的基本利用以及分布格局，不能盲目开发土地，造成不必要的耗费。

1.2.2 国内文献综述

当前，国内关于城市经济高质量发展问题，学术界进行热切的探讨和研究。主要集中于以下几个方面。

1.2.2.1 高质量发展的内涵解读

高质量发展是一种生产要素投入少、资源配置效率高、资源环境成本低、经济社会效益好的可持续发展，是我国经济发展的客观要求和必然趋势，它具有丰富的内容和多方面的基本特征，必须坚持创新、协调、绿色、开放、共享五大发展理念。针对这一概念，学者们也进行了丰富的讨论与解读。任保平（2018）相信进入新时代意味着我们必须摒弃过去的以数量为主的经济发展模式，高质量的经济发展要求重视创新理念的关键作用，突出这一驱动力的作用效果，通过科学化的发展方式推进经济中高速的稳定式发展，遵循科学有效的规律，迈向中高端结构，走文明发展道路。王珺（2017）指出，在新时代的现实背景下，实现高质量发展的重点也是核心，是如何有效解决发展存在的不平衡不充分问题。陈昌兵（2018）强调在坚持质量第一、效益优先的基础上，必须以供给侧结构改革作为主线任务，从而能够推动经济发展顺利实现质量变革、效率变革、动力变革三方面优化，完成我国这一时期关于经济增长动力的转换，使我国经济的竞争力和创新力水平迈上新的台阶。李伟（2018）通过从以下几个方面来全面说明高质量发展的内涵：需求、供给、经济循环、投入产出、资源配置及收入分配等。金碚（2018）则是从经济学角度出发，通过探究高质量发展理论的含义、新质态、体制机制、多维性以及如何实现高质量发展所能够采取的战略和治理体系，指出高质量发展就是这样一种动力状态，在这种状态下，经济发展方式和结构使得市场能够满足国民不断增长的真实需求。刘友金、周健（2018）基于对改革开放以来我国制造业处于第三梯队的缘由进行系统性分析，提出要丢弃以往的“跟随追赶模式”，同时“转换车道”，以创新思想引领产业发展，实现价值链的高质量发展路径，发挥大国优势，实施主导价值链分工等战略。任保平（2018）将新时代高质量发展的理论导向归结到四个方面：提高供给的有效性、实现公平发展、走生态文明道路以及人的现代化，在此基础上其指出了相应发展转变下的实践方向。胡敏（2018）提出高质量发展的路径及影响不是仅仅局限于经济领域，在民生保障和生态文明等方面也是大有可为，高质量发展能够使社会更加和谐。

1.2.2.2　高质量发展评价指标

关于城市高质量发展的评价指标是近年来学者们积极探讨的重点，并提出了众多指标体系的建设方式，徐学敏（1998）对经济发展质量给出定义，概括了经济发展质量的本质内涵在于投入与产出之间的效益最大化，认为经济体制以及发展应强调质量的重要性，并在评价经济发展质量时充分考虑影响经济质量的多维因素，实现全面的经济发展。韩世元（2005）则从两大效益方面衡量经济发展的水平，强调通过各种生产要素的组合利用，达到经济与社会两方面的发展。何伟（2013）综合考虑经济发展内涵构建指标体系，认为经济发展的效率实际上是有效性的重要体现，需要不断提升每一单位投入的产出值；同时，肖红叶等（1998）进一步强调了创新性，认为技术、管理、制度等方面的创新对经济发展质量提升也具有明显的促进作用，创新不仅是获得竞争优势的源泉，同时也是经济发展的动力。赵英才等（2006）从产出效率、产出消耗、产品质量、经济运行质量和生存环境质量五个不同方面 17 个指标构造了比较系统、完整的经济增长质量评价指标体系。钞小静（2009）也对于协调性即经济结构的合理程度有较高的要求，一般来说，经济结构越合理，协调程度越好，经济发展质量越高。任保平等（2015）从经济增长的效率、经济增长的结构、经济增长的稳定性、经济增长的福利分配、经济增长的生态环境代价以及国民经济素质等六个方面构建经济增长质量指数，测度了 2012 年中国各地区的经济增长质量水平。詹新宇、崔培（2016）基于“五大发展理念”，构建经济增长质量指标体系，利用主成分分析方法，对 2000 ~ 2014 年中国各省份经济增长质量综合指数进行了测度。陈诗一、陈登科（2018）采用劳动生产率度量经济发展质量，并通过经济增长的基本面和社会成果方面测度经济高质量发展水平，并指出未来有助于经济高质量发展的关键内容。师博、任保平（2018）基于经济增长基本面与社会成果两个维度构建经济高质量发展评价指标，增长基本面分解为强度、稳定性、合理化和外向性，社会成果则分解为人力资本和生态资本，测算结果显示 1992 ~ 2016 年中国省际经济增长质量在波动中上升。洪宇、马成文（2020）采用索洛经济增长模型和 SBM 超效率模型测度得到技术进步率和技术效率，并根据灰色系统理论模型构建我国经济高质量发展指数。

1.2.2.3 高质量发展测度及影响因素

目前，学者们开始对经济高质量发展的内在作用机制高度关注，开始用实证方法测度经济高质量发展，并剖析内在的影响因素，但整体而言系统的研究尚比较缺乏。李平等（2017）利用全要素生产率增长率（TFP 指数）衡量中国经济发展质量发现，生产性服务业具有较高的技术进步水平可以提升宏观经济总体全要素生产率，从而实现经济质量的快速提升。陈诗一、陈登科（2018）用劳动生产率度量经济发展质量，同时在经济发展质量的研究过程中考察了社会自然环境的变化和影响，对雾霾的大气环境进行的初步研究与分析，并通过研究发现雾霾污染显著降低了中国经济发展质量，并据此提出了环境与经济双方面的建议。师博、任保平（2018）测算了基于经济增长基本面和社会成果两个维度的经济高质量发展指标，通过经济增长与社会成果的结合全面概括了城市发展质量的内涵，力求通过更完善的角度对经济高质量进行有效的测度，并最终对我国经济高质量发展水平进行动态分析。基于这些内在机理的研究，学者们也逐渐提出了推进经济高质量发展的关键举措。迟福林（2018）提出，转向高质量发展的关键是动力变革，要向创新驱动、消费拉动、服务业主导、绿色发展导向、城乡融合发展转变，即进一步说明城市经济高质量发展不是某一方面的内容，而是涵盖城市系统多维度的现实问题，并对城市系统的动力因素进行详细阐述，强调动力变革的关键作用。马建堂（2018）认为实体经济数字化是高质量发展的重要方向，切合现实发展热点，关注数字经济的发展效果，为高质量发展的研究纳入了新型元素。张军扩（2018）则认为推动实现高质量发展的关键在于加快完善体制和政策环境，认为政策与体制是高质量发展起步阶段的关键影响因素，必须通过政府的管控与引导树立有效的发展意识，以期为城市高质量发展提供强有力的体制保障。师博、樊思聪（2020）运用 DEA-Malmquist 指数法和 HP 滤波法可分解出经济高质量发展潜力，通过构建地区经济高质量发展 - TFP 趋势象限阵，测度各地区经济高质量发展潜力，并对四个象限内各地区经济高质量发展潜力特征的成因和提升路径做出动态评判。

1.2.2.4　城市高质量发展

关于城市高质量发展的研究，学者们已经进行过多方面的讨论与分析，大多从城市竞争力以及城市经济发展影响因子等方面进行探讨，并对城市经济发展过程中产生的各种问题进行深入剖析，虽然早期的研究中并没有正式提出高质量发展这一内涵体系，然而却涵盖着高质量发展的政策意涵，为当前和未来城市经济高质量发展的研究奠定了一定基础。郝寿义、倪鹏飞（1998）通过对典型城市的举例分析，归纳总结出一般意义下的城市竞争力的构建模式，认为城市竞争力的提升是城市经济发展质量的重要发展路径，同时多维的城市竞争力也是城市经济发展质量的重要体现，是我国追求城市高质量发展的一般性举措。张为付、张二震（2001）从城市综合竞争力的问题着手，对南京市城市综合竞争力的提高进行了多维度的分析，在提升城市综合竞争力的过程中渗透了城市经济高质量发展的内在要求，从这一角度来强化城市经济高质量发展的关键性，并给出切实有效的现实措施。于涛方等

（2001）则对新时期的城市以及城市竞争力进行了总括性的研究，认为新时期的城市发展必须要求从社会系统的各个方面完善竞争力的水平，也即在社会、经济、基础设施多维加强建设，从而构建更为完善的社会系统，为城市经济的稳定式发展提供有效的保障系统，最终实现高质量的城市经济发展。韩士元（2003）则在更一般的意义上概括了城市经济发展的一般规律，归纳总结出城市经济必须遵循的科学化的规律，要将生态环境的发展与城市经济的发展合为一体，有力推进二者的同向式发展，以实现经济发展质量的快速提升，这也是高质量发展的雏形模式。师博、张冰瑶（2019）则对全国地级及以上城市的经济高质量发展水平进行测度与分析，基于五大发展理念，从发展的基本面、社会成果和生态成果三个维度构建全面的评价指标体系，强调经济增长仍然是驱动高质量发展的核心动力，认为提升经济高质量发展水平需要不断优化城市在社会和生态层面的发展成果。王立韬等（2019）则是对再生性资源型城市进行全面的测度与研究，并以徐州市为例，从经济水平、经济效益、经济结构、经济动力、环境质量等方面分析了经济高质量发展水平及影响因素的异质性特征。张明斗、徐美玲（2020）指出城市高质量发展表现为“城经济”和“市经济”的综合性高质量发展，是我国实现城市现代化建设与可持续发展的必由之路。若要实现城市高质量发展需要从城市基础设施高质量使用的支撑体系、城市土地高质量利用的承载体系、城市产业结构高质量优化的内生体系以及城市劳务高质量流转的保障体系四个方面构建城市经济高质量发展体系，最终通过以提高城市基础设施利用效率等为主的“城经济”高质量发展与以实现城市劳务高效率流转等为主的“市经济”高质量发展，为城市高质量发展提供协同路径。

1.2.3 国内外文献综述评价

综合已有研究成果可以看出，国外的研究主要集中于对经济增长以及经济发展的探讨，通过其内在的特征概述基本内涵，并梳理出国外经济发展质量的评价指标体系，进而衍生到城市经济发展质量的深刻研究；而国内的研究则就高质量发展进行了针对性分析，阐述了高质量发展的重要内涵，并根据其重要构成环节设计了高质量评价指标体系以及内在影响因素，进而深化对城市高质量发展的研究。这都为本书研究的顺利开展提供了理论支撑和现实参考。然而，现有的研究内容尚待进一步深入挖掘，主要体现在以下几个方面：第一，缺乏对城市经济高质量发展的系统性研究。虽然目前现有的研究对城市经济发展质量或是城市高质量发展展开了相应的分析，但对于城市经济高质量发展不但缺乏深入的理论分析，也缺乏系统性的实证分析，没有将经济高质量发展全面拓展到城市领域，所以这也是本书主要的研究根据。第二，现有的研究仍主要集中于经济发展或发展质量等层面，对于高质量发展的研究尚未形成系统的方法论，而集中于城市经济的研究则更为缺乏。这也是本书开展理论分析的现实依据。第三，所提对策缺乏有力的逻辑分析和实证支撑。现有研究所提出的政策建议大多是根据一些市场理论的信条直接提出，如减少政府干预力度、供给匹配需求、改善市场环境等，对背后的内在逻辑、作用机制以及现实的约束条件、成功案例等都未做深入分析，难以证伪，科学制定出具有针对性和可操作性的政策建议也是本书努力的一个方向。因此，本书在梳理出国内外研究文献的基础上，探索性搭建出城市经济高质量发展的理论框架，并构建出较为完善的城市经济高质量发展评价指标体系，甄别出我国城市经济高质量发展的空间差异及空间收敛性，以期达到城市经济高质量发展的目标。

1.3　研究方法和思路

1.3.1　研究方法

本书在对城市经济高质量发展的空间差异及收敛性的研究中，遵循从抽象到具体的逻辑思路，其研究方法主要包括以下方面：

1.3.1.1　理论分析与实证分析相结合的研究方法

本书从多个层面搭建了城市经济高质量发展的理论分析框架，明确提出城市经济高质量发展的核心特征、现实基础和内在要求等，属于理论分析法的典型应用。对城市经济高质量发展的空间差异性、空间关联性、空间收敛性及作用因素的分析，均属于实证分析的具体应用。

1.3.1.2 比较分析与归纳概括相结合的研究方法

在对城市经济高质量发展的空间差异分析中，本书主要从东部、中部、西部和东北四大经济板块进行了对比分析，明确出各板块间的内在差异；城市经济高质量发展的空间收敛性和作用因素分析中也是从四大经济板块进行分类比较和阐述，属于比较分析法的具体应用。通过实证分析的结果，归纳概括出城市经济高质量发展的趋势走向和政策建议，属于归纳概括法的具体使用。

1.3.1.3 借鉴分析与文献分析相结合的研究方法

本书以北京、上海、深圳为典型城市，对其城市经济高质量发展经验进行了梳理，明确出这三个城市在经济高质量发展中的一些具体做法，为未来城市经济的高质量发展提供借鉴，属于借鉴分析法的实际应用。本书通过对国内外相关文献的系统性梳理，了解了城市经济高质量发展的研究状态，为后续研究提供理论和资料来源，通过对若干文献资料分析、总结，归纳出城市经济高质量发展的理论依据及研究进展，以期为我国城市经济高质量发展提供有效的建议，属于文献分析的研究方法。

1.3.2 研究思路

本书的研究目标是通过探究城市经济高质量发展的理论内涵，并依据其内在的特征因素以及发展过程构建系统的理论框架；同时，对我国 31 个省（区、市）地级及以上城市经济高质量发展水平进行实证测度，并对其空间差异、空间关联性等进行可视化分析，探求城市经济高质量发展的空间收敛状态，明确其作用因素，为我国城市经济的未来发展方向以及运行模式提供可参考的建议。围绕这一研究目标，本书的研究思路如下：首先，文章主要从研究背景、研究意义与研究方法等方面进行梳理评述，从中找到自己的研究切入点和研究重点。其次，对我国 31 个省（区、市）地级及以上城市经济高质量发展水平进行实证测度，研究其内在的空间差异变化状态，分析其内在的演变过程，探索其空间收敛性，甄别出其作用因素，并明确作用方向和力度。最后，对前述实证结果进行分析总结，借鉴典型城市的经济高质量发展经验，提出城市经济高质量发展的基本趋向以及政策建议。本书内容分为九章：

第 1 章是绪论。主要介绍本书研究背景和意义，梳理出国内外已有研究的进展情况，高度概括出研究思路、研究方法和研究创新点。

第 2 章是相概念界定与理论基础。主要对经济发展、高质量发展、城市经济质量、城市经济高质量发展进行基本概念的界定；并对经济增长理论、经济发展理论、发展战略理论、城市空间结构理论、创新理论以及协同理论等基础理论进行系统的总结，为后文的顺利开展提供理论依据。

第 3 章是城市经济高质量发展的理论分析框架。主要通过对经济高质量发展理论逻辑的分析，概括出城市经济高质量发展的本质、核心特征，并梳理了其发展的现实基础，深刻概括出城市经济高质量发展的内在要求及发展目标。理论分析框架的构建能够为后文的实证分析提供理论指导。

第 4 章是城市经济高质量发展的成效与面临的挑战。主要从综合实力显著提升、结构调整稳中有进、自主创新扎实推进、基础设施不断完善、深化改革蹄疾步稳等七个方面归纳梳理了我国城市经济高质量发展的卓有成效；同时，从发展方式、经济结构、增长动力转换、空间资源的配置效率与技术创新等方面甄别出当前城市经济高质量发展所面临的挑战。

第 5 章是城市经济高质量发展的空间差异分析。通过构建城市经济高质量发展的评价指标体系，对其综合发展水平和各子系统发展水平进行测度，明确出各个子系统和综合发展水平的时间演化趋势和空间分布格局；并基于探索性空间数据模型和 Moran's Ⅰ指数分析城市经济高质量发展的空间自相关性和分布演化情况，明确出其空间关联性。

第 6 章是城市经济高质量发展的空间收敛性分析。基于前文的城市经济高质量发展水平实证分析结果，运用 α 收敛、β 收敛及俱乐部收敛模型，深度挖掘出全国层面和四大经济板块城市经济高质量发展的空间收敛情况，明确出其收敛类型和收敛机制，对于这种空间差异演化趋势的识别具有重要的参考价值。

第7章是城市经济高质量发展的作用因素分析。基于前文的实证分析结果，利用多元回归模型，选取城市非农人口水平、经济规模水平、消费水平、劳动生产率水平、政府干预水平、人口密集度、外资利用水平、科技创新水平及环境污染水平作为解释变量，重点考察了全国及四大经济板块的城市经济高质量发展的作用因素，甄别出其作用方向和作用力度。

第8章是城市经济高质量发展的经验探索、基本趋向与政策建议。通过归纳梳理北京、上海、深圳在城市经济高质量发展中的具体做法，总结出其实战经验；并指出我国城市经济高质量发展的基本趋向，进而从树立新发展理念、强化创新驱动能力、优化城市规模分布、推动形成全面开放新格局等角度提出城市经济高质量发展的具体政策建议，为全面提高我国各城市经济发展质量搭建了基本的逻辑框架，提供了新的方向和思路。

第9章是研究结论与展望。全面总结出本书的研究结论，并基于已有的研究基础提出未来的趋势展望。

本书的技术路线图，具体如图1－1所示。

1.4 研究的创新点

本书通过对城市经济高质量发展的空间差异及收敛性的系统性研究，主要得到如下创新：

（1）基于城市经济高质量发展的本质、核心特征、现实基础和内在要求等探索性搭建起城市经济高质量发展的理论分析框架，明确出城市经济高质量发展的核心特征是创新发展、协调发展、绿色发展、开放发展和共享发展，并在此基础上对中国城市经济高质量发展的水平进行综合测度，实证检验其空间收敛性，明确出其内在的空间差异和收敛机制，属于理论指引下的实践创新。以往的研究中多关注城市经济发展水平或是经济高质量发展水平，对于城市经济高质量发展的理论框架尚未形成一个系统性认知。而且城市经济高质量发展的实际运行状态如何，呈现出怎样的空间差异，却也缺乏一个理论性的指导和实践性认识。在城市空间作用不断提升且城市经济领域逐步受

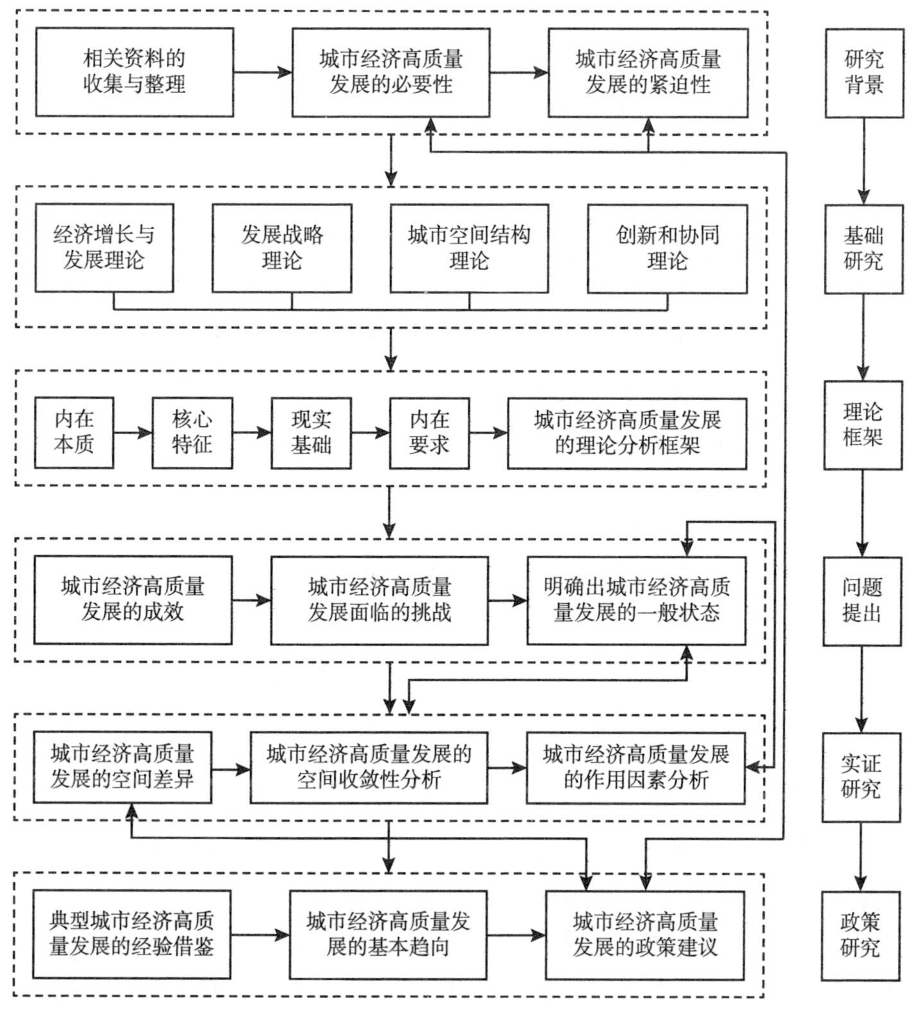

图1-1　本书技术路线

到关注的情况下，需要在科学理论的指导下识别出城市经济高质量发展的区域差异，方能实现城市经济高质量发展的初衷。本书正是基于这样的考虑，从核心特征、现实基础和内在要求等探索性搭建起城市经济高质量发展的理论分析框架，明确出城市经济高质量发展并非是某一发展理念的体现，而是创新发展、协调发展、绿色发展、开放发展和共享发展的综合反映；并基于此对中国城市经济高质量发展空间差异及收敛性进行实证分析，得出相应的研究结论，具有一定的创新价值。

（2）实证测度城市经济高质量发展各个子系统水平和综合水平，明确其空间差异，总体呈现“东部领先、中部追赶、西部和东北滞后”的空间格局。并在此基础上分析城市经济高质量发展的空间自相关性和分布演化情况，得出城市经济高质量发展存在着显著的全局空间集聚效应，但集聚程度低，整体呈弱集聚格局的研究结论，对于未来城市经济高质量发展具有重要参照意义，也具有明显的实践创新价值。已有研究中对于城市经济高质量发展的关注度不高，而且呈现出怎样的空间格局也没有形成科学性认识，特别是对城市经济高质量发展的空间关联性缺乏系统性分析。未来的城市经济运行中，若要全方位提升高质量发展水平，除需要弄清楚其内在的空间差异外，还应当对其空间集聚水平有一个明确的认识，这对于缩小区域差异，实现城市经济高质量发展水平的整体性提升具有特定的实践指导价值。因此，本书在这样的考虑下，基于五大发展理念构建出城市经济高质量发展的评价指标体系，对其空间差异展开实证分析，明确出其空间分别格局，并依据得分划分为高水平发展阶段、较高水平发展阶段、正常水平发展阶段、较低水平发展阶段和低水平发展阶段共五大等级，进而通过探索性空间数据模型和 Moran's Ⅰ指数分析城市经济高质量发展的空间自相关性和分布演化情况，得出城市经济高质量发展存在显著的全局空间集聚效应，但集聚程度低，整体呈弱集聚格局的研究结论。既突破了以往研究中的不足，也对未来的城市经济高质量发展提供了新想法，具有一定的实践创新性。

（3）实证分析城市经济高质量发展的空间收敛情况，得出 2008 ~ 2017 年中国城市经济高质量发展并未出现较为明显的 α 收敛，却存在一定的 β 收敛，收敛速度在 1.5% 左右，并且随着时间的推移呈现出了放缓的发展趋势；而且中国城市经济高质量发展水平的区域差异存在俱乐部收敛效应；中国四大经济板块自身内部的 T_{pi} 呈现出明显的收敛趋势，四大经济板块之间的收敛程度 T_{BR} 呈现出由非均衡发展到协调发展的演变趋势。这种实证结果对于合理认识中国城市经济高质量发展的运行趋势及未来制定出科学有效的差异化政策建议提供思路，属于实践状态下的创新类型。以往的研究中并没有对城市经济高质量发展的空间收敛性展开全方位分析，而空间收敛性的识别对于城市经济可持续运行和高质量发展具有重要的理论和现实意义。在未来城市经济高质量发展进程中，如何进一步缩小城市经济高质量发展的空间差异，实现均衡协调发展引导下的城市经济高质量目标，对于全方位实现城市经济高质量发展具有关键性作用。因此，本书基于此种考虑，运用 α 收敛、β 收敛及俱乐部收敛模型，挖掘出全国层面和四大经济板块城市经济高质量发展的空间收敛情况，明确出其收敛类型和收敛机制，既能够弥补以往研究的不足，也能够为制定城市经济高质量发展的政策提供思路，具有重要的创新价值。

（4）实证分析城市经济高质量发展的作用因素，甄别出非农人口水平、经济规模水平、消费水平、政府干预水平、外资利用水平、科技发展水平对城市经济高质量发展具有正向促进作用；劳动生产率水平、人口密集度与环境污染水平对城市经济高质量发展具有负向阻碍作用；且四大经济板块城市经济高质量发展的作用因素明显不同。这种实证结果对于合理认识中国城市经济高质量发展的作用机制及未来制定出科学有效的差异化政策建议提供思路，属于机制挖掘状态下的创新类型。以往的研究中并没有对城市经济高质量发展的作用因素展开全方位分析，而这些作用因素的识别，对于城市经济可持续运行和高质量发展具有重要的理论和现实意义。在未来城市经济高质量发展进程中，如何全面提升并释放正向作用因素的功效，深度革除负向阻碍作用因素的不利影响，对于实现城市经济高质量发展的目标具有关键性作用。因此，本书基于此种考虑，通过构建回归模型，挖掘出全国层面和四大经济板块城市经济高质量发展的作用因素，明确出其作用方向和作用力度，既能够填补传统研究的空缺，也能够为城市经济高质量发展的政策制定提供崭新的思路链条，具有重要的实践创新价值。

| 第 2 章 |

相关概念界定与理论基础

“五大发展理念”指导下的城市经济高质量发展作为各城市追求的目标和努力的方向，越来越受到理论界和城市部门的高度关注，实现城市经济高质量发展既能够深度化解交通拥堵、环境污染、公共服务供给不到位等诸多的城市问题，也能够为城市经济发展指明具体的方位和提供充足的动力支撑。要促成城市经济高质量发展这一目标的实现，就必须对所涉及的核心概念有一个明确的认识，使新的概念体系在理论蕴涵和思想比较中取得有价值的建树，也需要对所涉及的基础理论做一个完整的梳理，作为本书研究的思想基础和理论延展的依据。

2.1　相关概念界定

在关于城市经济高质量发展的研究中，所涉及的核心概念主要包括经济发展、高质量发展、城市经济质量和城市经济高质量发展等，对这些概念的明确有助于为后文的实证分析奠定概念基础。

2.1.1 经济发展

一个国家或地区人均福利水平的增长体现在两个层面，一是资本总量和国民经济规模的积累和扩张，二是经济社会质的变化，即经济结构、社会结构的改善以及社会生产效益和社会生活品质的提升。简而言之，经济发展就是保证经济增长的条件下，一个国家或地区经济结构和社会结构持续优化升级的创新过程。经济增长侧重于国民经济规模的扩大，经济发展侧重于经济和社会生活质量的提高，二者侧重点不同，但是经济发展过程中往往伴随着经济增长现象，从这个角度来看经济发展的内涵超过了单纯的经济增长，比经济增长更为宽泛。在现代经济领域中，发展的含义相当复杂，能够与发达、工业化、现代化、增长这些概念交替使用。经济发展不仅包括经济增长，更是指一个国家或地区随着经济增长而出现的结构变迁、福利改善以及环境和社会可持续发展，属于一个综合性概括，是经济发展质量的全面体现，应该包括有效性、创新性、稳定协调性、可持续性和共享性五个方面的内容，这样才能全面衡量地区经济发展水平。具体来看：经济发展有效性最直接的表现为经济规模数量的增加，更深层次地体现了经济资源的配置关系及综合运用经济资源的结果，主要通过经济系统各种资源的投入产出比来衡量。从经济发展有效性的维度来看，高质量发展也表现为经济资源的有效配置、高质量的投入产出比的发展过程。经济发展创新性以科技创新为核心，以科学技术和创新人才为依托，以发展拥有自主知识产权的新技术，新产品、新产业为目标。创新是第一生产力，鼓励微观主体企业通过技术、产品、管理等方面的创新，提高产品供给质量、增加产品附加值，提高生产效率促进整体经济向高质量方向发展。经济发展稳定协调性中稳定性是基础，协调性是方向，就是要保证在宏观经济持续稳定增长基础上实现经济健康、协调、可持续的发展。稳定性反映宏观经济运行有序，是指在一定时期内实现充分就业、物价稳定、供需平衡，保持宏观经济增速合理以及运行高效。协调性是经济持续健康发展的内在要求，主要通过调整和优化包括部门结构、企业结构、产业结构、区域结构和国际贸易结构等各经济结构之间的关系，解决经济发展的失调问题和增强经济发展的整体性、均衡性、协同性。经济发展可持续性关注的焦点是经济、资源和生态环境的共生，人与自然的和谐相处。工业文明极大地促进了人类社会的进步，但是由其所造成的严重的资源消耗和环境污染问题更值得我们反思。推进我国生态文明建设，加大环境治理力度，加快完成高能耗、高污染的粗放型经济发展方式向绿色型经济发展方式转换，努力实现经济发展高质量、资源配置高效率、生态环境低成本的可持续发展。经济发展共享性强调以人民为中心，主张经济发展成果应该由全体人民共享，旨在充分调动人民群众的积极性、主动性、创造性，提升人民群众的幸福感和满足感。通过高质量构建公共服务体系，高水平均衡发展社会事业，高层次完善民生、改善保障机制，不断提高人民收入水平和生活水平，让全体人民共享发展成果。满足以上五个方面的内容才是经济发展质量的良性体现。

总之，经济发展主要包括四层含义：一是经济量的增长，即一个国家或地区产出和劳务的增加，构成了经济发展的物质基础；二是经济结构的优化和升级，即一个国家或地区的部门结构、企业结构、产业结构、区域结构、国际贸易结构等经济结构的调整；三是经济质量的改善和提高，即一个国家或地区经济效益的提高、经济稳定的增长、公共服务制度的完善、自然环境和生态平衡的现代化；四是经济发展质量的全面展现，满足经济系统的有效性、创新性、稳定协调性、可持续性以及共享性。因此，经济发展是通过经济结构的优化和升级、经济质量的改善和提高实现经济总量的增长，并最终体现在整个经济系统的发展过程。

2.1.2 高质量发展

高质量发展是2017年中共十九大首次提出的新表述，表明中国经济发展取得了重大成就，已经从高速增长阶段转向高质量发展阶段。从整体上看，高质量发展根本在于经济的活力、创新力和竞争力，促进市场经济结构的完善升级，优化资源配置，促进经济协调发展。在创新创业方面，按照高质量发展要求，深入实施创新驱动发展战略，解决好创新创业生态不完善、科技成果转化机制不健全以及部分政策落实不到位等诸多问题，推动大众创新万众创业不断向高质量发展。

高质量发展必须贯彻经济发展的多个方面。首先，高质量发展应该是保持经济中高速增长的发展。我国特色社会主义迈入新时代，中国经济已由高速增长阶段转向高质量发展阶段，但这并不意味着我们可以单纯的聚焦于经济发展质量，完全忽视或规避经济增长速度，反而是在着力提升经济发展质量的同时，要注意保持合理的经济增长速度，这也是新发展理念的体现。其次，高质量发展应该秉持以人民为中心的发展理念，以维护人民群众的根本利益为出发点，通过经济的高质量发展满足人民的美好生活需要，为人民群众提供更加优质的社会服务，这也是我国经济发展的整体目标。总的来说，高质量发展是适应经济发展新常态的主动选择，可以很好地满足新时代人民日益增长的美好生活需要。要积极推进供给侧结构性改革以实现经济高质量发展，激励生产领域的供给主体在供给一侧为人民提供更多优质的产品、服务和环境。目前学术界对于高质量发展内涵的研究颇多，众多学者尝试从不同角度对高质量发展的内涵进行了论述。杨伟民（2018）、赵大全（2018）等从经济新常态出发，认为高质量发展是经济增速放缓、经济结构不断优化、经济增长动力转向创新驱动的发展。刘志彪（2018）、冯俏彬（2018）从社会矛盾变化和新发展理念的角度出发，认为高质量发展是基于创新协调绿色开放共享的发展，是更高质量、更有效率、更加公平、更可持续的发展。张立群（2018）、王玮（2018）从供求关系角度出发，将高质量发展内涵界定为解决供需结构性失衡，实现供给侧高效优质的发展。刘迎秋（2018）、胡敏（2018）等从宏、中、微观角度对宏观经济高质量、产业发展高质量、企业发展高质量分别进行了具体的界定。基于这些背景，本书认为高质量发展是满足人民日益增长的美好生活需求的发展，是新发展观的体现，是涵盖“创新、协调、绿色、开放、共享”五大发展理念的包容的、普遍的发展。

2.1.3 城市经济质量

城市经济质量是指城市中的生产要素以及资源之间合理配置、互相作用的最终结果，是土地、资金、技术、人力、科技等多要素共同配合的效应。城市系统的建设与发展需要各类生产要素的组合作用，按照经济发展的内在规律，共同发挥内在的驱动作用，最终达到人们期待的现实效果，实现社会的可持续发展，包含社会效益、经济效益、生态效益多个方面。在考虑了城市基本特征以及发展现状之后，制定合理有效的发展规划，在政策的引导监督下不断推进资源优化配置，提高资源利用效率，增强城市经济发展质量，最终获取更大的经济效益、社会效益、生态效益。现阶段城市经济总量以及城市经济规模逐渐扩大，但是社会政治、经济结构等方面以及社会贫富差距仍然存在，而城市经济质量则是符合科学发展观的要求，能够保持经济理性健康增长以及推进城市经济效率的快速提升。因此，城市经济质量是指一定时期内城市经济发展的优劣程度，表现为在城市经济运行与发展过程中各种比例关系的协调程度、经济效益的高低程度以及人民生活水平的提高程度。发展为了人民、发展依靠人民、发展成果由人民共享，人民是经济发展的目的及意义之所在，在以人为本的核心价值理念指导下实现全面、协调、可持续的发展。主要包含以下三方面内涵：第一，城市经济的运行效率，说明城市经济质量不仅关注城市整体总量以及规模的扩大，加速城市经济的发展水平和速度，同时更要强调生产要素之间的联通与配置，加大科学技术的投入力度，加速创新成果的转化速度，力求将城市质量的严格标准深化到城市生产、分配、消费的各个环节，最大限度提升城市经济的资源配置效率，达到最大化的投入产出比，进而提高社会财富的创造水平；第二，城市经济运行的协调性，这包含与城市系统有关的产业、投资、分配、就业等各个环节的协同配合，对于城市经济发展过程中可能出现的问题进行有效的排除解决，最大程度实现系统之间的有机配合，尤其要处理好经济系统、生态系统之间的对立统一关系，在强化经济发展水平的同时保护生态环境，实现社会、经济、生态三大效益的有机统一，在既能满足当代城市经济发展需要的同时，最大程度考虑发展的可持续性，最终达到发展与质量的统一；第三，城市经济发展的潜力，即要将城市经济质量的发展纳入城市发展的潜力之中，在不断推进城市经济取得高效发展成果的同时，以长远的眼光发掘城市发展的能动性以及潜力，为城市经济长期、稳定、健康增长提供更多的可能性。①

因此，城市经济质量也是一个相对静态的概念，反映的是城市在经过一定时间的发展之后形成的最终结果，城市经济总量、城市生产要素等内容都

---

① 韩士元．城市经济发展质量探析［J］. 天津社会科学，2005（5）：83－85.

是城市经济质量的外在体现，城市经济质量偏向质的体现，要将城市发展基础规模、城市基础设施建设、城市人口总量等外在表现与城市生态水平、城市科技实力等内在指标紧密结合，多维度的展现新常态下城市经济的高质量发展水平。

2.1.4 城市经济高质量发展

城市经济高质量发展就是从五大发展理念出发，在“创新、协调、绿色、开放、共享”的思想上努力提升人民群众的整体生活水平与生活质量，从多方面协同推进城市经济的可持续运行，力求在更短的时间内实现生产要素的最大成本效益比，进而能实现城市经济质量的稳步提升。换句话说，高质量发展已经逐渐转变过去传统的发展观念，不再单纯集中于探究城市经济的发展速度与发展水平，更多的是强调城市经济发展质量的内涵，重视我国经济发展增速的平稳化发展与演进，有效发挥协调并进的内在特点，实现绿色化、开放化的经济发展之路，属于追求质量效率与美好生活的新型路径。高质量发展将会是未来我国城市经济发展的主流方向，是实现社会经济系统协调发展的基本着力点，必须深入地剖析城市经济高质量发展的理论内涵与现实属性，从社会经济发展的现实规律出发，进一步探究城市经济高质量发展的构成因素与基本特征，基于我国发展的基本现状归纳正确经验与发展路径。城市经济高质量发展是更高水平、层次、形态的发展。① 首先，表现为产业的发展，未来的城市产业结构应向更高层次的发展状态迈进，通过高新生产技术带动产品种类的丰富化与多样化，同时更要注重品牌的力量，通过产品的质量提升引进品牌效应，形成系统的产业体系，推进产品与技术的交互融合。其次，是产品带动服务质量稳步提升。现如今城市经济的发展早已不是城市内在物质总量的上升，更是应该体现在城市软服务水平的丰富与完善，人民生存以及生活所必需的物质产品以及精神服务也应得到逐渐高水平的满足，尽可能地提升人民生活的福利效应。再次，是经济的本身内涵不断

① 田秋生．高质量发展的理论内涵和实践要求［J］．山东大学学报（哲学社会科学版），2018（6）：1－8.

深化，也即对应新科技的发展水平下，各类型产业以及业态模式也应融合于科技水平的提升，多渠道地促进经济新动力的演化，强势推进城市经济质量的提升。最后，是人民生活的基本构成逐渐丰富，层次逐渐提升，消费动力以及消费结构有了根本性的改变，逐渐趋于优化，教育、医疗、卫生、就业、居住、社保等公共服务体系更加健全，基本公共服务均等化水平显著提高。总之，城市经济高质量发展要求必须实现全面协调可持续的最终效果，在经济增长的前提下保证经济结构的日益完善，构建科学的空间布局，优质的产业分工，推进城市经济系统中各产业部门之间合作的有序性、联动性，保证各产业之间的协调式发展，进而推进信息工业化、信息化、城市化等多元化的同步进展，有效促进发展的全面性；同时，对城市经济来讲，高质量的发展必须以均衡为前提，通过各系统之间的对立统一加速均衡形成速率，从而降低城市经济发展的不稳定性，规避经济运行中的风险，为经济发展提供更成熟的发展模式，增强城市发展韧性，不断提升城市经济发展质量，实现高质量经济发展。

2.2 理论基础

对于城市经济高质量发展，其所涉及的理论基础重点包括经济增长理论、经济发展理论、发展战略理论、城市空间结构理论、创新理论及协同理论等，对这些理论基础的系统性梳理，能够为实现城市经济高质量发展提供理论依据。

2.2.1 经济增长理论

经济增长理论指的是通过利用均衡分析的方法，借助各种类型经济模型，考察长期时段内经济增长的动态发展过程，即寻求经济稳定发展的均衡条件，通常将经济增长定义为产量的变动情况，即表示一个经济体在某一段时间内所生产的产品以及劳务的总体产值，描述了社会总产出的增长过程。西方经济增长理论经过长期以来的发展已经逐渐形成了较为系统的研究范式，从最终的古典政治经济学集中研究经济理论问题，到哈罗德多马模型对经济增长的内在机理进行研究，对于经济理论以及经济增长的研究逐渐趋于理论化与系统化，形成了可供参考的理论体系与概念框架。马克思对于经济增长理论的解释更倾向于扩大再生产的理论分析，他与西方经济理论对于经济增长的解释存在系统的区别。西方经济学的研究范围中，经济增长被定义为一个国家或地区在给定的时间内生产所有产品的产值量，也即国内生产总值的表述，这是其用来衡量各地经济发展水平以及经济发展层次的核心准则，其数值的高低也就反映了经济发展情况以及经济增长快慢。同时，影响这一变量的因素来源于经济生活的各个阶段，包括社会基础产值、社会劳动力数量以及商业活动的投资量等，哈罗德-多马模型则是研究经济增长理论的开端。马克思则没有详细论述经济增长的内在含义，但其通过生产、产量等概念来表述与经济增长相似的概念，[①] 从扩大再生产的理论来看，马克思主要运用价值的含义来说明生产力的提升以及经济增长的速度，即将经济增长表述为社会生产过程中社会总值的逐渐扩大，产品量的迅速提升以及价值总量的终极上升，通过这些概念的明显变化来体现物质财富的不断提升，并将影响因素归纳于社会资本量、劳动量以及技术水平的层次高低。

2.2.2 经济发展理论

经济发展相较于经济增长具有更深刻的内涵，一个国家的经济福利来源于社会系统的多个方面，是质的变化的重要体现，也是实现社会经济体效益最大化的表征。所以，经济发展理论是基于经济增长理论的研究背景，强调经济结构与社会结构深刻演化的重要理论。经济发展理论主要是针对发展中国家而言所形成的理论体系，这是由于发展中国家的经济发展问题一直以来都是各国经济学家们的关注重点。最早是来源于古典经济学的理论范围，这也是后期经济发展的重要理论基础，亚当·斯密的《国富论》、大卫·李嘉图的《政治经济学及其赋税原理》、马尔萨斯的《人口原理》和《政治经济

① 王艺明，刘一鸣．马克思主义两大部类经济增长模型的理论与实证研究［J］．经济研究，2018（9）：37-51.

学原理》、卡尔·马克思的《资本论》等，这些都属于基于发达国家的发展经验归纳得出的普适性的经济增长理论，属于经济发展质量研究的早期雏形。20 世纪 50 年代，传统理论开始将经济发展定义为国家生产总值的持续增加以及国家生产力的稳步提升。到 20 世纪 60 年代，这一定义开始受到现实发展的挑战，表现为一些国家的经济发展生产总值与经济结构出现矛盾，生产总值高的国家，经济以及社会结构有可能存在显著的问题，出现了社会贫富差距明显，收入分配不公平等问题，长期下来甚至会影响国内生产力的提升。因此，经济学家逐渐正视了经济增长与发展之间的异同点，进一步深化了经济发展本身的内涵，认为经济发展不仅涉及总量的快速增长，同时也必须关注质量的提升，甚至文化制度以及社会意识形态等都将成为影响以及衡量经济发展的重要因素，要实现对经济数量以及经济质量的双重发展。20 世纪 80 年代，经济发展理论出现了新的进展，经济模型的出现开始为经济发展的路径提供了新的思路，对应的经济理论也随之而起，与之前固有的理论所不同的是，这一时期的经济理论出现了更为协同性的机会点，各个学派之间开始趋于融合，并逐渐剖析出理论之间的相容点，并在学派的融合中产生更加贴合社会发展的新动力。

2.2.3 发展战略理论

五大发展理念是我国向高质量发展迈进的行动纲领，决定了今后一段时期经济社会发展的目标和价值取向。因此，它所涵盖的“创新、协调、绿色、开放、共享”这五个方面就是高质量发展的逻辑主线。“创新、协调、绿色、开放、共享”的发展理念，是管全局、管根本、管长远的导向，具有战略性、纲领性、引领性。新发展理念指明了“十三五”乃至更长时期我国的发展思路、发展方向和发展着力点，要深入理解、准确把握其科学内涵和实践要求。从以下五个方面加强发展战略的综合性与全面性：第一，创新发展注重的是解决发展动力问题，要不断通过科技发展水平的稳步提升增强创新能力，不断扩展创新科技对于经济发展的应用范围与广度，增强科技对于经济增长的贡献，强化我国经济水平的科技含量，这是城市乃至国家发展战略的重要环节。第二，协调发展注重的是解决发展不平衡的问题，尤其是对区域、城乡之间的发展提供更大的助力，推进城市物质文明与精神文明的建设，强化经济建设以及基础设施建设，为各个区域的社会发展提供动力元素，并通过优化资源配置实现城市内部的动态协作，注重发展的整体效能，规避木桶效应，降低社会矛盾出现的概率。第三，绿色发展注重的是解决人与自然和谐问题。我国资源约束趋紧、环境污染严重及生态系统退化问题十分严峻，人民群众对清新空气、干净饮水、安全食品、优美环境的要求越来越强烈，必须通过新的发展规划强化生态环境的建设与推进，提升环境承载力，为城市经济发展提供更广阔的空间。第四，开放发展注重的是解决发展内外联动问题，即不断加强对外合作的能力和水平，实现经济贸易的畅通，增强经济发展的多元化，提升对外开放质量，增强应对国际经贸摩擦的能力，提升经济开放水平。第五，共享发展注重的是解决社会公平正义问题，强调的是覆盖面。我国经济发展的“蛋糕”不断做大，但分配不公问题比较突出，收入差距、城乡区域公共服务水平差距较大。在共享改革发展成果上，无论是实际情况还是制度设计，均存在不完善的地方。因此，现有的发展战略强调做好“创新、协调、绿色、开放、共享”五大发展理念的高度融合，共同推进城市经济的高质量发展。

2.2.4 城市空间结构理论

现代城市是一个具有动力以及发展空间的重要有机体，是处在时刻演变和发展的过程当中的重要综合体。城市在发展过程中展现出其内在的功能与作用，并通过这些功能的发展与演化形成不同的内部空间格局，从而由各个功能区组合形成了城市整体。城市空间结构就是城市发展与演化过程中的重要表现形式，能够直观地展示出城市功能发展的轨迹，也是研究城市发展的重要参考依据。所以，城市空间结构，是指一个城市内各种功能组成部分之间相互作用表现出的空间形态。① 城市空间结构理论的发展经历了几个流派的演变，新古典学派以新古典主义经济学为基础，主要运用理想竞争模型研

① 刘建国，张妍，黄杏灵．中国人文地理学区域空间结构研究的主要领域及展望［J］．地理科学，2019（6）：874－885.

究自由市场经济条件下关于有限资源的最优化配置问题，空间变量的运用是该学派的典型特征，从“成本－收益”的角度分析了在自由市场经济的理想竞争状态下区位均衡过程，合理解释了城市内部空间结构的相互作用。① 20世纪60年代初，新古典学派展开了对城市土地空间格局的研究，较为细致地理清了区位、地租和土地利用三者之间的关系。后来的行为学派在对新古典主义学派进行改进的基础上，强调了实用主义，并尝试对空间经济行为进行分析，强调以实用主义为特征。而从70年代中期开始，结构学派出现对前有的新古典主义学派和改良的行为学派在方法论、认识论等层面提出严重的质疑和挑战，认为城市理论的研究必须将生产过程与资本主义的社会结构紧密结合，不允许出现二者的割裂状态，其基本的内核是资本主义的生产方式和资本主义生产中的阶级关系。伴随着时间的推移和研究的逐步深化，到20世纪80年代，结构学派在学派林立的浪潮中仍然继续发展，彰显出重要地位，在理论层面衍生出诸多的新思想和新观点，丰富和完善了结构学派的架构体系，但同时依旧坚持资本主义的生产方式和资本主义生产中的社会关系对于解析城市空间结构的重要性这一观点，基于此，城市空间结构开始对特定时期及特定区域进行系统的研究，并利用实证的方法描述各区域的空间特点。

2.2.5 创新理论

“创新”一词起源于拉丁语，关键词义在“新”，指的是新事物或者新思想的产生。美国经济学家熊彼特（1912）首次将创新概念纳入经济学研究领域，并将其诠释为“创新理论”。对于我国而言，傅家骥教授是研究创新理论的第一人。他表示创新是今后企业繁荣发展走上强大的唯一捷径，创新是为企业发展带来源源不竭的动力机制。熊彼特的创新理论问世之后，吸引无数学者转向创新理论研究的目光，创新在促进城市经济发展中发挥的作用理论也越来越受到专家学者的关注，他们纷纷投身于创新理论的研究中，并取得显著研究成果。学者纳尔逊和温特（Nelson & Winte，1997）率先提出了创

① 古杰，齐兰兰，周素红．国内外城市时空间结构研究的渊源及述评［J］．世界地理研究，2016（3）：69－79.

新的演化理论，启发了国内外学者开始以系统的概念角度出发对于创新过程进行大量研究。因此，以单一技术推动为核心的创新模式开始逐步向以系统化、复杂化以及网络协同化众多角度方向转变，创新不单单局限于表现为技术创新，还可以表现为制度、文化等。目前而言，创新理论研究主要由创新系统理论、创新复杂性研究以及全面创新三部分组成。其中，创新系统理论首次是由理查德和西德尼（Richard & Sidney，1997）提出，他们在研究中发现，现有理论无法解释经济发展进程中出现的行业间生产增长率与技术增长率不一致现象，这是早期研究中过于分散零碎且没有将动荡性的社会环境和有差异的文化制度考虑到作为控制变量加入分析中的根源所在。他们将创新这个涉及生产、销售、管理和组织等内容的系统认作是技术、管理和制度创新共同发挥作用的结果。创新系统论根据不同的主体可以划分为企业创新、区域创新以及国家创新这三个关键系统类型。不同主体的创新系统中赋予不同的研究内容：在企业创新系统中，主要将企业创新过程中资金来源、演进过程以及创新的范式历程作为主要研究内容；在区域创新系统中，主要将属于同一地理区域中创新网络和创新平台的运作方式作为主要研究内容；而在国家创新系统中，主要是以宏观角度出发，通过对于政治、经济、文化、社会和技术等众多因素的考量，将创新模式和结构优化作为主要研究内容。而以系统的宏观和微观角度为主要思考范围的复杂性理论则认为，主体之间的作用力会由于在微观个体行为和宏观体制的综合作用下受到来自系统的整体性影响，这种研究理论恰恰与现行经济社会发展状况相吻合。综上所述，创新是一个涵盖着相互作用的多主体的活动过程，包括了部分与整体之间的互通性。因此，创新需要通过各要素的独立作用与系统整体作用的相互整合，同时实现内外资源的成功对接，即创新需要进行多角度多方面的考量。

2.2.6 协同理论

“协同”意味着协调与同步，该词是由哈肯率先提出的，具体指的是在复杂系统中各个子系统达成同步、协调以及合作发展的状态，进而促进各个子系统之间实现有序发展的行为过程。协同的研究主要由三部分组成，分别是：协同效应、自组织以及支配原理。协同效应意味着在复杂系统中整体效应绝对高于各子系统效应之和状态的出现，协同理论便由此解释为整体大于部分加总；自组织意味系统内部在没有收到外部强制命令的背景下自发走向有序状态的出现；而支配原理则是序参量支配决定着整体系统发展状态的出现。协同理论是从系统论的角度出发，所以我们要想理解何为协同理论，首先要清楚系统的深刻含义，系统是由各个要素相互作用、相互影响所形成的一个统一的整体。每个要素又可以说是一个子系统，子系统中又会包含不同的要素，各要素之间不是完全不相干的，而是相互联系、相互独立的。20 世纪 70 年代以来，协同理论以前期跨领域、多学科的大量深入研究成果为基础，进行归纳总结，逐渐形成并发展成为一门独立新兴学科。总而言之，协同理论成功诠释了无序、分散的各个要素及系统，如何在各个要素相互影响、作用以及关联协作中，逐步形成了稳定、有序和高效结构的过程。① 在这个进程中，系统实现了由无序到有序的成功质变，也成为一个非平衡的演变过程。② 协同学是一个对组成复杂系统的各个子系统之间相互竞争以及合作进行科学研究的行为过程，以那些正处于非平衡状态下的开放系统作为主要研究的对象，通过对于系统之中各个部分的相互合作过程进行了解和研究，使得系统在空间以及功能上实现有序结构的状态，促使系统在竞争与协同两种动力机制相互作用下成功实现演化。③

2.3 本章小结

基本概念界定和理论基础的梳理对于理解城市经济高质量发展具有重要的现实意义。本章围绕这两大部分，首先，对经济发展、高质量发展、城市经济质量与城市经济高质量发展等所涉及的基本概念进行界定，能够从理论上为理解城市经济高质量发展奠定基础；其次，对经济增长理论、经济发展理论、发展战略理论、城市空间结构理论、创新理论以及协同理论等理论基

① H. 哈肯．高等协同学［M］．郭治安，译．北京：科学出版社，1989：5 - 32.

② 王贵友．从混沌到有序——协同学简介［M］．武汉：湖北人民出版社，1987：48.

③ 杨家本．系统工程概论［M］．武汉：武汉理工大学出版社，2002：28.

础进行系统的梳理和概括总结，为城市经济高质量发展奠定了理论和思想依据。城市经济高质量发展问题属于城市经济发展中的重大问题，需要全面深化理解并遵循特定的分析框架，方能真正领悟其内在的精髓，这也为后文的展开提出了要求。

第3章

城市经济高质量发展的理论分析框架

城市经济高质量发展问题属于经济社会发展中的重大战略性问题，它的发展关系到的不仅是城市空间的可持续运行状况，更牵扯到整个中国经济社会的安全与稳定，实现城市经济高质量发展也就成为诸多城市所追求的目标取向。经过四十多年的努力奋斗，我国城市经济取得了可喜的业绩，无论是经济实力还是结构体系抑或体制改革都有了新的突破，但一些结构性的矛盾仍阻碍着城市经济的发展进程，依照经济增长理论和中国的发展实践来看，中国的城市经济增长模式需要实现由高速增长阶段向高质量增长阶段的转变。城市经济转向高质量发展阶段，需要在追溯城市经济高质量发展这一问题根源的基础之上，明确城市经济高质量发展的核心特征、现实基础与内在要求，共同遵循城市经济高质量发展的理论分析框架。基于此，本书在对经济高质量发展的理论逻辑、在城市领域的引入以及本质进行分析的基础上，提出了经济高质量发展的核心特征是创新发展、协调发展、绿色发展、开放发展和共享发展这五大发展理念；从基本前提、指导思想、生产力基础、发展主线和长效机制五个维度出发构建城市经济高质量发展的现实基础，并明确了城市经济要实现高质量发展的内在要求，对于从理论上认识城市经济高质量发展提供全新的思维解读，以取得具有重要价值的理论建树。

3.1 城市经济高质量发展的问题溯源

改革开放四十多年以来，中国的城市经济发展取得了卓有成效的业绩，经济发展速度不断提升、经济结构不断优化、经济规模总量实现一次又一次的突破。然而，在成就的背后也隐藏着诸如资源环境的制约和结构性矛盾等现实问题，为能够深度革除这些固有的顽疾，实现城市经济的可持续运行，就需要坚持走城市经济高质量发展的道路，为城市经济发展建立牢固的理论根基。

3.1.1 经济高质量发展的理论逻辑

改革开放至今，中国已经成为中等偏高收入国家，预计到 2025 年前后将会迈入高收入国家行列。然而，当前中国城市的资源环境承载能力已经接近上限，城市经济增长模式亟待转型，并且随着中国劳动力、土地等生产要素成本的逐渐升高，以往对跨国公司制造业的吸引力和驱动力也逐渐减弱，近年来跨国公司制造业回流或向成本更低的发展中国家转移的情况愈加严重，传统高速增长所依赖的低成本、低效率的粗放型增长模式已经无法再持续下去，需要实现向高质量发展阶段的转型。同时，中国特色社会主义进入新时代，其社会矛盾已经转变为人民日益增长的美好生活需要和不平衡、不充分的发展之间的矛盾，这一矛盾在经济结构上主要体现为供给结构与消费结构、需求结构的不适应、不平衡。随着居民收入水平的提高，消费需求也逐渐向追求质量型转变，但是供给结构仍然处于追求“量”而非“质”的阶段，产能过剩现象严重。因此，需要推动经济体系转向高质量发展阶段，解决结构性矛盾，使潜在巨大的国内需求成为经济高质量发展的巨大推动力。

从马克思主义政治经济学的相关理论出发，可以知道，经济发展的质量在微观层面表现为产品质量，即产品及其经济活动的使用价值既合意于人的物质需要，也要合意于社会需要；在中观层面表现为结构的质量，即经济结构的协调和平衡；在宏观层面表现为生产力的质量，即生产力的发展。因此，经济由高速发展阶段转向高质量发展阶段必须注重劳动生产率和全要素生产率的提高。一方面，劳动生产率的提高将会直接促进工资水平和居民收入水平的提高，随着社会老龄化进程的加快、劳动力成本的提高，中国的人口红利也处在逐渐消失的阶段，所以，中国劳动生产率的提高将主要依赖劳动质量的提高来实现。另一方面，全要素生产率对经济贡献率的提高，也就意味着企业资源配置效率的提升和技术的进步，是经济高质量发展的重要反映，有助于克服人力、资本深化所引发的一系列问题。从经济发展的角度来看，要提升全要素生产率对经济发展的贡献率，就意味着全要素增长率要超过要素投入带来的增长，表示一个地区的经济增长脱离了以往对要素投入的依赖，转向了内生型增长模式，符合经济高质量发展的内在要求。因此，依照经济增长理论和中国的发展实践来看，中国的经济增长模式需要实现由高速增长阶段向高质量增长阶段的转变。实现经济的高质量发展，需要彻底摒弃以往高速增长模式所存在的规模扩张和非平衡增长，坚持创新发展、协调发展、绿色发展、开放发展和共享发展这五大发展理念，五大发展理念既是经济高质量发展的核心，也是经济高质量发展的重要内在保障。同时，中共十九大召开以后，我国已经形成了较为完善的经济发展思路，提出要加快建设现代化的经济体系，经济高质量发展要推动实现经济结构的转型升级，重塑效率路径，坚持质量第一、效率优先，这都为我国实现经济高质量发展提供了理论逻辑。

3.1.2　经济高质量发展在城市领域的引入

中共十九大报告指出，我国当前正处在转变发展方式、优化经济结构、转换增长动力的攻关期，经济已由高速增长阶段转向高质量发展阶段。实现质量变革、效率变革、动力变革，推动高质量发展，是保持经济持续健康发展的必然要求，是适应我国社会主要矛盾变化和全面建成小康社会、全面建设社会主义现代化国家的必然要求。以往对经济高质量发展的研究大多集中于国家、区域或省域视角下，而对于微观领域的城市空间关注度不足，并没有将高质量发展全方位融入城市空间结构体系中，也没有对城市经济高质量发展做出一个综合的判断，对于经济高质量发展的覆盖面来说还不够全面，这也为未来经济高质量发展提供了完整的研究架构。由于早期城市过分追求高速发展，导致资源环境破坏加剧、人口和产业加速集聚、城市迅速扩张与区域空间结构变动紊乱等一系列问题凸显，这将严重掣肘新常态时期高质量发展的推进。对城市经济高质量发展问题进行研究，推动实现城市经济高质量发展的目标，对于解决日益凸显的城市问题，推动国家经济高质量发展具有重要意义。目前学者大多从城市发展活力和竞争力、影响城市经济发展因素等角度对城市经济发展问题和经济发展质量进行研究，① 虽然尚未形成比较完整的城市经济高质量发展的理论架构，但是实现城市经济高质量发展的思路已经在相关研究结论中有所体现，为系统地研究城市经济高质量发展相关问题提供了基础。②

3.1.3 城市经济高质量发展的本质

城市经济高质量发展的本质一方面体现在“以人为本”的内核，另一方面体现在“创新、协调、绿色、开放、共享”的五大发展理念的深度融合。中共十九大明确指出，新时代中国社会主要矛盾是人民日益增长的美好生活需要和不平衡不充分的发展之间的矛盾，必须坚持以人民为中心的发展思想，不断促进人的全面发展，实现全体人民共同富裕。这一判断也体现了城市经济由高速发展阶段转向高质量发展阶段的本质是要从以往的“以生产力为中心”的物质生产体系转向“以人为本”的可持续发展路径，推动形成消费升级、创新、高效、包容的发展模式和以人为本的新的经济循环体系。新的经济循环体系要求人民消费不再是生产环节的附属，而是成为经济循环的起点，

---

① 朱承亮．中国地区经济差距的演变轨迹与来源分解［J］．数量经济技术经济研究，2014（6）：36－54.

② 任保平，钞小静，魏婕．中国经济增长质量发展报告（2014）［M］．北京：中国经济出版社，2014.

要求消费结构不再是简单地以劳动力再生产为主的日常消费，而是升级转型为注重知识消费的消费结构，以此推动人力资本水平的提升，提高全社会对科技创新和知识生产的重视，进而能够改善经济效率，提高经济发展的可持续性，促进人的全面发展，真正实现公平与效率协调的城市经济高质量发展。“发展是解决我国一切问题的基础和关键，发展必须是科学发展，必须坚定不移贯彻创新、协调、绿色、开放、共享的发展理念。”① 新发展理念是习近平新时代中国特色社会主义经济思想的主要内容，也是城市经济高质量发展的本质要求，需要得到贯彻和实施。坚持创新发展，使其成为城市经济高质量发展的强大动能；坚持协调发展，深度解决发展中的不平衡问题；坚持绿色发展，提高城市经济发展的可持续性；坚持开放发展，以高水平开放助推高质量发展；坚持共享发展，为共同富裕目标的实现和包容性城市的建立提供可能。五大发展理念是城市经济高质量发展的先导，也是发展思路、方向和着力点的集中体现，构成城市经济高质量发展的内在本质。

3.2 城市经济高质量发展的核心特征

对于城市经济高质量发展，必须全面实施创新发展、协调发展、绿色发展、开放发展和共享发展，在五大发展理念的强力指引下，将高质量发展全面融入城市经济具体运行过程中，把控融入机制和融合效果，以此实现城市经济高质量发展的根本目标。

3.2.1 创新发展

创新发展是城市经济高质量发展的核心特征之一，是解决城市经济高质量发展动力问题的强大因素。从当前全球发展趋势来看，新一轮的科技革命

① 习近平：决胜全面建成小康社会 夺取新时代中国特色社会主义伟大胜利——在中国共产党第十九次全国代表大会上的报告［EB/OL］. 新华网，http：//www. xinhuanet. com/politics/19cpcnc/2017-10/27/c_1121867529. htm，2017 -10 -27.

和产业革命正在兴起中，在此背景下，知识和技术的创新速度在以惊人的幅度增加，以互联网、物联网、云计算等技术为核心的新的经济模式和业态也在不断涌现，为了顺应这一发展趋势，使创新成为促进城市经济发展的重要内生动力，城市经济的高质量发展必须摒弃高速增长阶段对劳动力数量优势和物质资源投入的依赖，实现从劳动力与资本驱动的模式向创新驱动模式的转变。目前中国城市对理论、制度、科技、文化等重要领域的创新的关注度都有所提升，创新对经济社会发展的支撑和引领作用也有所加强，但是整体水平还不足以达到城市经济高质量发展的要求，制约着城市经济的发展，因此需要推进以科技创新为核心的全面创新。创新发展不仅有利于突破当前城市经济发展中资源与环境的约束，提高资源配置效率，提高各生产要素的作用，强化经济发展的效率与效益，还有利于帮助城市空间建立起经济发展的核心优势和新的经济增长点，实现城市产业的转型升级和经济社会的可持续发展。只有持续推进创新体系和能力的建设，提高创新在实体经济发展中的贡献，才能使创新发展真正成为城市经济高质量发展的强大动能，推动城市经济在实现动力变革的基础上，实现效率与质量的同步提升。所以，将创新发展作为城市经济高质量发展的核心特征，既符合创新驱动的新机制和新要求，也能够满足化解科技基础薄弱的基本需求，有着十分关键的作用。

3.2.2 协调发展

协调发展是城市经济高质量发展的核心特征之一，也是解决城市经济发展不平衡问题的重要基础。目前城市经济发展中不平衡、不协调、不可持续等问题仍然突出，这些问题若不得到解决，高质量发展就难以真正实现，特别是在城市经济和社会、物质文明和精神文明等方面，存在较为严重的不平衡、不协调问题，实现城市经济高质量发展就有着更为关键的紧迫性和现实性。这就要求政府必须正确处理好发展中的重大关系，贯彻落实乡村振兴战略和深入推进区域协调发展战略，不断增强发展的整体性和协调性，实现更加公平、更为协调的发展。另外，协调发展也表现为经济重大关系协调、循环顺畅的发展，需要利用整体性思维，注重整体效率的提升。协调发展，要求政府从整体的角度进行发展规划和战略实施，充分发挥宏观调控的作用，完善经济协调机制，实现由高速增长阶段追求的总量扩张向追求结构合理优化的转变，实现城市经济社会效率与效益提升、抗风险能力和可持续发展能力不断增强的高质量发展。因此，将协调发展作为城市经济高质量发展的核心特征，能够有效化解各种可能引发的不平衡与不协调问题，对于实现城市经济高质量发展起着适配器的作用。

3.2.3 绿色发展

绿色发展是城市经济高质量发展的核心特征之一，是实现城市经济可持续发展的重要保障。研究表明，当前发达国家经济增长的生态环境成本仅占实际国内生产总值的 3.99% ~ 4.22%，而发展中国家则高达 20.79% ~ 23.02%，[①] 彰显出绿色发展力度的不足。因此，强化绿色发展动力，提升绿色发展水平成为城市经济高质量发展的重要使命和特征。高速发展阶段长期存在的高投入、高消耗、高污染的经济增长模式，导致了资源约束趋紧、环境污染严重、生态系统退化等一系列问题的出现。在新时代的背景下，若要实现城市经济高质量发展，必须坚持绿色发展理念，加快推进生态文明建设，推动生态补偿机制的市场化，在创造更多物质财富与精神财富的同时，也要注重为人民创造更加优美的生态环境，提供更加优质的生态产品，满足人民日益增长的美好生活需要以及对和谐生态环境的期盼。同时，绿色发展需要在生产方式上实现绿色与环保，推动高循环的产业发展模式，切实提高资源利用效率，这不仅有利于城市产业的可持续发展，而且有利于延长产业价值链。另外，绿色发展也表现为城市发展过程中对生态、环保、绿色等内容的相关政策、法律法规、机制体制的建立健全，以此作为绿色可持续发展的城市经济运行体系的制度和法律保障，推动形成人与自然和谐发展的现代化建设新格局。因此，从这两方面而言，坚持绿色发展，对于实现城市经济高质量发展具有重要的保障性作用。

---

① 徐娟，常金华，黎娇龙．经济增长的环境成本及国民健康：一个国际比较的视角［J］．南方经济，2016（7）：32－47.

3.2.4 开放发展

开放发展是城市经济高质量发展的核心特征之一，是实现城市经济发展内外联动的重要前提，高水平的开放是高质量发展不可或缺的动力。从国际发展的趋势来看，多极化、全球化、信息化仍然是世界发展的主流，并处在持续加深的阶段，也就意味着中国的城市经济与世界经济之间的联系与影响也会进一步深化，在这样的国际背景下，中国的城市经济要想实现高质量发展，就必须坚持开放发展，在拓展开放范围的同时提高开放档次，完善城市对外开放的结构布局和体制机制。开放发展一方面表现为政府在对外开放层面发挥更大作用，进而进一步扩大对外开放程度和水平，推动城市对外开放新格局的形成；另一方面也表现为充分利用自身的比较优势，以寻求在全球的资源配置，在提高自身在国际上的竞争力、获得自身经济发展的同时，也要注重推动世界的包容性增长，为全球的发展做出贡献，实现真正的城市经济高质量发展。因此，只有坚持开放发展，才能对外部环境变化做出及时响应和积极应对，才能充分利用城市经济的固有优势，利用高水平开放推动城市经济高质量发展。

3.2.5 共享发展

共享发展是城市经济高质量发展的核心特征之一，是解决社会公平正义问题的重要路径。共享发展的实质是以人民为中心的发展，体现了实现共同富裕的最终目标。目前我国城市发展面临收入分配差距过大的社会公平问题，公民在养老、医疗、教育、就业等公共服务的获得上仍然存在困难。当前我国社会主要矛盾的转变，意味着城市经济要实现高质量发展，就要坚持共享发展，努力推动社会公平的实现，才能不断满足人民对美好生活的需要和对高质量生活的追求。一方面，共享发展要求促进收入公平，缩小居民收入差距，实现居民收入与经济发展的同步增长，实现居民收入与劳动报酬和劳动生产率的同步增长，使人民共享城市经济高质量发展的成果；另一方面，共享发展要求政府从社会公共利益以及社会公平与正义出发，着重对公平与效率之间冲突的解决，完善社会保障制度和相关政策，提高公共物品和服务的提供水平，坚持实施积极的就业政策和就业战略，以此提高居民收入水平，缩小居民收入差距，提高居民生活水平，加快建成覆盖全民、城乡统筹、权责清晰、保障适度、可持续的多层次社会保障体系，实现真正的幼有所育、学有所教、劳有所得、病有所医、老有所养、住有所居、弱有所扶，真正体现共享发展的理念，使城市经济高质量发展成果惠及全民。因此，共享发展从覆盖面上深化了城市经济高质量发展的内涵，若要实现城市经济高质量发展，必须将实现城市经济的共享发展作为重要环节。

3.3 城市经济高质量发展的现实基础

城市经济高质量发展是诸多城市在具体运行中所追求的战略目标。若要实现这一目标并不是一蹴而就的，而是需要有着一整套的现实基础，需要从基本前提、指导思想、生产力基础、发展主线和长效机制等多个维度出发进行系统性甄别和构筑，进而为实现城市经济高质量发展提供根基。

3.3.1 基本前提：科学把握高质量发展的核心内涵

推动高质量发展，是保持经济持续健康发展的必然要求，是适应我国社会主要矛盾变化和全面建成小康社会、全面建设社会主义现代化国家的必然要求，也是遵循经济规律发展的必然要求。虽然对于城市经济高质量发展的核心内涵没有统一的表达，但其内在的精髓要有一个宏观性的认识，对于核心内涵的把握可以结合以下两种视角和方法。一种是将城市经济社会发展过程中较为明显的问题与缺陷作为界定城市经济高质量发展边界的重要依据。城市经济社会发展过程中较为明显的问题主要包括城市收入分配差距过大、要素资源的过度消耗、生态环境污染、创新能力不足等，这些都与五大发展理念背道而驰，无法构成高质量发展；与之相反的是，促进社会公平、坚持可持续发展、坚持绿色发展、坚持创新驱动的发展就才是高质量发展的真实写照。另一种是将是否坚持“以人为本”的发展理念作为界定城市经济高质量发展的核心依据，以是否能够满足人民日益增长的美好生活需要愿望、是否能够促进发展不平衡不充分问题的解决、是否能够化解新时代社会发展的主要矛盾等，作为是否属于城市经济高质量发展的判断依据。因此，从这方面来说，在与五大发展理念紧密吻合，有利于满足人民在政治、经济、社会、文化、生态等各个领域的需求，有利于促进人的全面发展和城市的健康可持续发展，就是城市经济高质量发展的重要体现。

3.3.2 指导思想：深入贯彻新发展理念

实现城市经济高质量发展的指导思想是深入贯彻新发展理念。“发展是解决我国一切问题的基础和关键，发展必须是科学发展，必须坚定不移贯彻创新、协调、绿色、开放、共享的发展理念。”① 首先，深入贯彻创新发展理念。在微观层面要加强基础研究的同时注重科技创新和突破，注重科技创新成果在实体经济中的利用，调动企业创新的活力与积极性，同时为高水平人才和团队的引入和培养创造良好环境，作为创新发展的人才支撑和保障；在中观层面要推动金融、房地产与实体经济，生产性活动与非生产性活动报酬结构的再平衡；在宏观层面要维持较高的企业纵向流动性，打开创新创业企业成长空间，为创新驱动提供不竭动力支持。其次，贯彻协调发展理念。重点是推动新型工业化、信息化、新型城镇化等发展进程，实现城市经济的协调发展，同时注重加强文化产业发展，促进物质文明建设和精神文明建设的协调发展。再次，贯彻绿色发展理念。重点是完善生态环境保护的相关法律法规体系、机制体制，加强监督与管理，提高破坏生态环境行为的违法犯罪成本，充分发挥政府在宏观调控中的作用，同时也要注意发挥市场机制在生态环境保护和绿色发展中的作用与优势，推动实现环境成本的内部转化。同时，贯彻开放发展理念，重点是激活经济开放度、盘活外资利用能力，提高外商贡献度，使政府在对外开放层面发挥更大作用，推动城市对外开放新格

---

① 习近平：决胜全面建成小康社会 夺取新时代中国特色社会主义伟大胜利——在中国共产党第十九次全国代表大会上的报告［EB/OL］. 新华网，http：//www. xinhuanet. com/politics/19cpcnc/2017-10/27/c_1121867529. htm，2017 - 10 - 27.

局的形成，充分利用自身的比较优势，以寻求在全球的资源配置，提高自身在国际上的竞争力，对于部分城市来说，积极参与“一带一路”建设，形成经济上的开放格局，利用高水平开放推动经济高质量发展。最后，贯彻共享发展理念。重点是坚持以人民为中心，努力推动社会公平的实现，促进收入公平，缩小居民收入差距，实现居民收入与经济发展的同步增长，同时要加快建成多层次的社会保障体系，使城市经济高质量发展成果惠及全民。

3.3.3 生产力基础：构建协同发展的产业体系

城市经济高质量发展的生产力基础是要构建协同发展的产业体系。建设协同发展的产业体系，需要促进城市实体经济与创新驱动、现代金融以及劳动力资源的协同发展，使城市经济真正实现依靠科技创新、资源配置优化和劳动者素质不断提高的发展。首先，协同发展的产业体系表现为城市实体经济与创新驱动的协同发展。当前的城市实体经济想要实现高质量发展，必须以科技创新作为驱动和支撑，才能改变目前产能过剩而有效供给不足的现状。需要深化科技体制改革，建立以企业为主体、市场为导向、产学研深度融合的技术创新体系，重点加强对中小企业创新发展的支持，在政策上和经济上促进新型研发机构的建立，加强高水平创新人才和团队的引入与培养，从多方面促进科技创新成果在实体经济中的利用，提高科技创新对城市经济高质量发展的贡献率，真正实现创新驱动，使创新成为实体经济发展的强大动力。其次，协同发展的产业体系表现为城市实体经济与现代金融的协同发展。现代金融发展，需要坚持金融业为经济社会发展服务的基本原则，解决当前存在的金融业与城市实体经济报酬结构失衡、金融过度膨胀等问题，通过加强对金融市场的监督与管理，建设创新、友好、与城市实体经济良性互动的金融体系，提高金融业服务于城市实体经济的能力，推动经济去杠杆的实现，并增强防范化解系统性金融风险的能力，促进现代金融体系与城市实体经济的协同发展。最后，协同发展的产业体系表现为城市实体经济与劳动力资源的协同发展。城市实体经济的高质量发展需要以高质量的劳动力资源作为支撑，而当前的劳动力资源存在着高水平人才稀缺，人才引入和培养机制不健全，劳动力资源配置结构不合理、信息不对称、效率不高等问题，制约了城市实体经济的高质量发展。因此，需要优化人才环境，加强人才培养的同时，重视高水平人才的引入，加强对劳动力市场的监管，提高劳动力资源的配置效率，促进城市实体经济与劳动力资源的协同发展，为城市经济高质量发展提供人才保障。

3.3.4 发展主线：深化供给侧结构性改革

城市经济高质量发展需要以深化供给侧结构性改革为主线。城市经济高质量发展中很重要的一个部分就是供给体系的高质量，供给体系质量的提高将提升城市经济的质量优势，因此，需要以深化供给侧结构性改革为主线，逐步推动城市经济发展中的质量、效率与发展动力的变革，提升城市的核心竞争力和健康、持续发展的能力。首先，深化供给侧结构性改革要求继续坚持“三去一降一补”的政策，去产能、去库存、去杠杆、降成本、补短板，继续完善市场监督机制和生态环保监管机制，减少无效供给，化解过剩产能，政府要通过加强监管、加强政府债务管理等方式，减轻系统性金融风险发生的可能，寻求城市经济去杠杆的较为稳妥的方式，逐步控制宏观杠杆率。其次，深化供给侧结构性改革要求对住房制度进行完善，通过构建多主体供应、多渠道保障、租购并举的住房制度，化解房地产市场存在的诸多问题和风险，解决公民的住房问题；为推进城市实体经济的健康持续发展，需要降低制度性交易成本，继续推进在石油、天然气、铁路等重点领域的改革，通过降低实体经济领域的成本来促进实体经济的健康发展。再次，深化供给侧结构性改革需要推动制造业的改造升级。制造业作为实体经济的核心和主体部分，既是创新驱动城市经济发展的重要活动领域，也是深化供给侧结构性改革的重点产业，推动制造业的改造升级，加强制造业建设，对提高供给体系的质量具有重要意义。制造业的改造升级，需要在新一轮工业革命的发展背景之下，加强技术创新的同时也要注重科技成果的转化，实现互联网、物联网、大数据等新技术在制造业中的应用；制造业的改造升级，也要注重一些发展较为乏力的传统制造业的转型，在这些传统制造产业推进存量重组、增量优化以及动能转换，推动城市制造业的高质量发展。同时，加强城市制造业建设还需要注重利用制造业的集群优势，注重构建较为合理的产业配套，为建设先进的、现代化的制造业群提供基础。最后，深化供给侧结构性改革需要实现要素质量的变革。城市经济由高速增长阶段转向高质量发展阶段，其中生产要素质量起着基础性的作用，只有生产要素质量提高，产品质量以及后续的产业质量、供给体系质量才能有所提高。推动要素质量变革，一方面，需要通过建立较为完善的科技创新和成果转化的路径和机制，提高科技创新的质量、提高创新成果应用的效率、提高科技创新对经济发展的贡献率；另一方面，推动要素质量变革需要提高金融资本的配置效率，利用加强竞争、加强金融资本智能化水平等方法，使金融资本在城市经济发展的重要领域发挥最大作用。

3.3.5 长效机制：推进城市治理体系和治理能力现代化

城市经济高质量发展的长效机制是推进城市治理体系和治理能力现代化。城市经济实现高质量发展，需要在全面深化改革，构建市场机制有效、微观主体有活力、宏观调控有度的经济体制的同时，推动城市治理体系和治理能力现代化，为城市经济高质量发展提供保障。在城市经济高速发展阶段，快速的城市化进程、资源与环境的过度消耗、急剧增加的城市人口，导致了一系列城市问题的发生，与城市经济高质量发展的理念相悖，阻碍城市的可持续发展。因此，需要以推进城市治理体系和治理能力现代化作为实现城市经济高质量发展的长效机制，消除低效率、粗放式的城市管理模式的弊端，推动城市治理主体的多元化，转变政府职能，优化政府机构设置和职能配置，合理发挥政府的宏观调控作用，为城市治理水平的提高和城市经济高质量发展提供保障。实现城市治理体系和治理能力现代化，首先，要鼓励和引导公民、社会组织等城市治理主体积极参与到城市治理过程中，破除政府包揽城市治理的局面，发挥公民、社会组织、市场等各种社会要素在城市治理中的优势与作用，推动城市治理现代化的实现。其次，要构建设置科学、职能优化、权责协调的治理体系。当前城市治理体系仍然存在纵向行政链条过长，横向职能分配不清的现象，导致城市治理的低效率，甚至出现部门之间推诿的现象，难以应对复杂的城市变化，因此，推进城市治理体系和治理能力现代化必须建立设置科学、职能优化、权责协调的城市治理体系，不仅可以避免行政资源浪费，也有利于城市治理主体作用的发挥，提升城市治理的效率和效果，为城市经济高质量发展提供良好的环境和制度性保障。最后，在城市治理中政府要注重更好、更健康地对经济进行宏观调控。更好地宏观调控，就是政府正确有度地对经济进行宏观调控，正确把握政府在城市经济发展中的作用，保障宏观经济的平衡，防范系统新金融风险的发生，为城市经济高质量发展提供良好环境。因此，需要通过加强市场基础设施的建设，提高政府进行宏观调控的能力；要注重发挥政府制定城市战略发展规划时的导向作用，合理制定城市发展规划。同时，政府应当逐步建立起包含财政与货币政策、产业发展政策、区域发展政策在内的经济政策协调机制，为政府更好地发挥宏观调控作用提供保障，推动城市治理现代化的实现和城市经济的高质量发展。

3.4 城市经济高质量发展的内在要求

实现城市经济的高质量发展必须明确其内在要求，这既是关系到能否真正实现高质量发展的关键，也是保障实现高质量发展的节点。为此，在综合城市经济高质量发展的内涵、宏观背景体系和五大发展理念的基础之上，从应对城市环境变化、协调结构比例、提高投入产出效率和经济效益以及协调经济重大关系等方面提出具体的内在要求。

3.4.1 积极主动应对复杂的城市环境变化

积极主动应对复杂的城市环境变化，是城市经济高质量发展的内在要求。城市是区域发展的重要载体，而城市经济则是以城市为载体和发展空间，是资本、劳动力、技术等生产因素高度集中，集聚效应与扩散效应均非常突出的地区经济，城市经济获得高质量发展的首要内在要求是要积极主动应对复杂的城市环境变化，为经济发展创造空间和保障。高速的城市化进程、快速扩张的城市规模以及急剧膨胀的城市人口，导致系列性的“城市病”在城市化进程中的高频率积累与集中爆发。一方面，应对复杂城市环境变化要提高政府领导经济工作的能力和水平。随着新一轮工业革命的兴起，互联网、物联网、大数据等信息产业也随之兴起，推动了城市经济内部结构的巨大变化，因此，政府在制定城市发展规划、采取重大经济政策时，都要注意适应经济环境变化，加强领导，增强城市应对复杂变化的能力。同时，要正确把握好政府在经济发展中发挥的宏观调控作用，既不能“缺位”，导致经济宏观调控缺失，也不能“越位”，降低经济发展的活力和自主性。另一方面，为了在复杂的城市变化中保持稳定发展，城市经济工作也要协调好增长与稳定之间的关系，新时代，城市经济发展的模式和格局也在发生着巨大的变化，需要以习近平新时代中国特色社会主义经济思想作为城市经济工作的指导思想，在经济“增长”方面，要通过政策的引导和帮助，积极挖掘和发展城市经济新的增长点，保障城市经济增长的动力，实体经济作为城市经济的主体部分，要注意增强其吸引力和竞争力，同时要注意引导和鼓励民营经济的健康快速发展。在经济“稳定”方面，要对当前比较突出的政府债务风险、金融杠杆风险和房地产市场风险进行重点的防范和处理，协调重大经济政策之间的关系，保障城市经济的平稳运行。

3.4.2 结构比例协调度持续增强

结构比例协调度持续增强，是城市经济高质量发展的内在要求。城市结构比例协调度增强，意味着城市经济总体结构的优化、可持续性的增强，具体表现为供需之间的动态平衡、产业结构的合理化以及资源、环境、生态与经济社会之间关系的协调发展。首先，是供给与需求之间保持动态平衡，需要实现需求侧变化及时、顺畅地传导到供给侧，并且供给体系能够对需求侧变化做出反应和调整，供给侧与需求侧在变化中调整，达到动态平衡。为了实现供给与需求之间的动态平衡，需要深化供给侧结构性改革，推动供给结构的合理化，同时持续推进扩大内需，发挥消费的基础性作用和投资的关键性作用，提高内需对城市经济增长的贡献率，推动需求结构的合理化。其次，是产业结构的合理化，要求协调城市各产业之间的经济技术联系和作用关系，提高城市产业结构在不同需求背景下的转换能力和适应能力，第一、第二、第三产业之间的比例趋于合理，产业内部各个环节之间要素流动的协同性有所增强，流动的顺畅性有所提高。最后，表现为资源、环境、生态与经济社会之间关系的协调发展，许多城市尤其是资源型城市为了经济发展所采取的粗放型增长模式的弊端愈加明显，高质量发展的城市经济，需要增加资源、环境、生态与经济社会的协调程度，谋求城市的健康可持续发展。

3.4.3 投入产出效率和经济效益不断提高

投入产出效率和经济效益不断提高构成城市经济高质量发展的内在要求。价值规律是市场经济的基本规律，它的本质要求就是以最小的生产要素投入取得最大的产出，而城市经济转向高质量发展阶段，需要实现资本、劳动、资源、技术等生产要素的投入产出效率的提高以及城市经济各主体经济效益的提升，具体也表现为城市企业利润的增加、居民工资收入的提高、税收等财政收入的增加、失业率的降低等。但是在城市经济高速增长阶段长期存在的粗放型增长模式，导致了投入产出效率的低下，无论是投资还是产出都存在低效甚至无效现象，资本、资源等要素的利用效率偏低，大量的资金投入却越来越难以获得经济的增长，导致杠杆率提高，发生金融风险的可能性也随之累积。因此，城市经济由高速增长阶段转向高质量发展阶段，必须以供给侧结构性改革为主线来推动质量与效率的变革，提高投入产出效率和经济效益，提升城市的核心竞争力和健康、持续发展的能力。一方面，要解决实体经济供需失衡、金融和实体经济失衡、房地产和实体经济失衡这三大失衡，坚持去产能、去库存、去杠杆、降成本、补短板，继续完善市场监督机制和生态环保监管，减少无效供给，化解过剩产能，扩大优质高效供给，提高供给体系效率，政府通过降低实体经济领域的成本来促进实体经济的健康发展，要寻求城市经济去杠杆的较为稳妥的方式，控制宏观杠杆率。同时，要对住房制度进行完善，通过构建多主体供应、多渠道保障、租购并举的住房制度，化解房地产市场存在的诸多问题和风险。另一方面，要不断加快建设实体经济、科技创新、现代金融、人力资源协同发展的产业体系，通过生产要素合理流动和优化组合、企业兼并重组，加快发展新兴产业和新业态、新模式，改造提升传统产业，促进经济结构持续优化升级，提高整体经济的结构效率。

3.4.4 实现经济重大关系协调、循环顺畅的发展

实现经济重大关系协调、循环顺畅的发展，也成为城市经济高质量发展的内在要求。经济重大关系一旦发生严重失调，经济循环不畅，就可能会导致经济出现衰退甚至发生经济危机，阻碍经济发展，因此，城市经济高质量发展需要保持经济重大关系协调，保障城市经济在生产、流动、消费等各个环节的顺畅循环，以此避免系统性金融风险和经济危机的发生。经济重大关系协调、循环顺畅的发展一方面要求完善政府的宏观调控职能，保障市场在资源配置中的基础性地位的前提下，充分发挥政府发展战略和发展规划的引导作用，发挥政府和社会的监督和管理功能；逐步建立起包含财政与货币政策、产业发展政策、区域发展政策在内的经济政策协调机制，保障政府的宏观调控职能；持续推进现代财政制度建设，加强政府债务监督和管理，降低政府债务风险；健全金融市场体制和金融监管体系，寻求城市经济去杠杆的较为稳妥的方式，逐步控制宏观杠杆率，减轻系统性金融风险发生的可能性。另一方面，要求保障市场在资源配置中的基础性地位，充分发挥市场作用，重点是要建立稳定、健全的金融体系，建立多层次、多功能、高效率、高稳定性的金融市场，为建立畅通的多样化资产投资渠道、满足城市企业投资融资需求和满足公民家庭资产投资需求提供较为稳定、安全、高效的金融环境，适应城市经济高质量发展的内在要求。

3.5 本章小结

推动中国城市经济由高速发展阶段转向高质量发展阶段，是实现城市经济更具公平与效率、更加可持续发展的动力因素和必然选择。本章从城市经济高质量发展的问题溯源、核心特征、现实基础和内在要求四个方面对城市经济高质量发展进行了理论上的分析，搭建了城市经济高质量发展的理论分析框架，为后文的顺利开展提供了理论指导。认为城市经济高质量发展的核心特征是创新发展、协调发展、绿色发展、开放发展和共享发展。从基本前

提、指导思想、生产力基础、发展主线和长效机制五个维度出发构建城市经济高质量发展的现实基础，并明确了城市经济要实现高质量发展的内在要求，包括积极主动应对复杂的城市环境变化、结构比例协调度持续增强、投入产出效率和经济效益不断提高及实现经济重大关系协调、循环顺畅的发展四个层面。

第 4 章

城市经济高质量发展的成效与面临的挑战

新时代下，中国内、外部发展环境发生了剧烈的变化。前者主要表现为中国社会矛盾的深刻转变，后者主要表现为贸易摩擦的不断升级。为能够全面适应发展环境的变化，转换经济发展动能、调整经济发展结构、持续优化营商环境，成为推动中国城市经济高质量发展的重要路径选择。在具体的实践过程中，为能够推动城市经济高质量发展，将高质量发展的目标函数融入市场主体的行为追求中，国家在坚持以供给侧结构性改革为主线及质量第一、效益优先的原则下，以创新驱动作为城市经济高质量发展的主要推动力，更加注重城市经济发展的可持续性问题。值得肯定的是，在以政府部门为核心的社会各界努力下，城市经济高质量发展取得显著成效，城市发展无论在经济可持续性和经济稳定性方面，还是在投入产出效率以及质量效益同步优化方面都有了质的提升和突破，但是与美国、日本等发达国家相比差距依然明显，仍面临着诸多的挑战。在当前以及今后很长的一段时期内，城市经济发展过程会持续性地面对很多难题，如经济增长方式固化、经济结构升级迟滞、科技创新难度大、国际经济社会环境复杂、自身发展能力与水平有限等，这些问题都会对中国城市经济高质量发展构成巨大威胁和挑战，需要在未来的发展进程中制定科学有效的政策体系，积极应对突如其来的各种挑战，保证中国城市经济高质量发展的顺利推行，进而实现高质量发展的根本目标。

4.1 城市经济高质量发展的成效

中共十八大以来，我国不断推进“五位一体”总体布局，把握引领经济发展新常态，迎难而上，开拓创新，既强调平稳经济发展速度，又注重提升经济发展的质量，渴望实现中国经济发展质的飞跃。现阶段中国在推动城市经济高质量发展层面已取得了长足进步和积极成效，在综合实力、经济结构、自主创新、基础设施、深化改革、对外开放、环境保护与营商环境等方面均有较大突破，为“两个一百年”奋斗目标以及中华民族伟大复兴的中国梦的实现打下了坚实基础。

4.1.1 综合实力显著提升

中国城市经济始终保持中高速增长。根据 2009 ~2018 年《中国城市统计年鉴》能够计算得出，2008 ~2017 年间，中国城市地区生产总值和城市人均地区生产总值增速明显，如图 4 - 1 所示，2017 年中国城市地区生产总值达到 82 万亿元，按不变价计算为 2008 年的 2.57 倍；城市人均地区生产总值由 2008 年的 2.356 万元增至 2017 年的 5.966 万元，年均增速约为 15.32%。2008 年的中国属于典型低收入国家，世界排名仅第 104 位，和摩洛哥处于同等发展水平，远远落后于泰国、马来西亚、巴西、土耳其、墨西哥等其他发展中国家，但经过十年的发展，中国城市经济发生了翻天覆地的巨变。2017 年成功跻身中等收入国家，大幅领先泰国，并与巴西、土耳其等国处于同一发展水平。同时，城市经济增量也在逐年递增，2008 年中国城市经济增量为 37614 亿元，2017 年增量扩大至 54943 亿元，以 4.61% 的年平均增长率快速增长。[①] 十年来中国城市经济飞速发展，经济规模总量持续扩张，为中国城市经济高质量发展打下了坚实的经济基础。

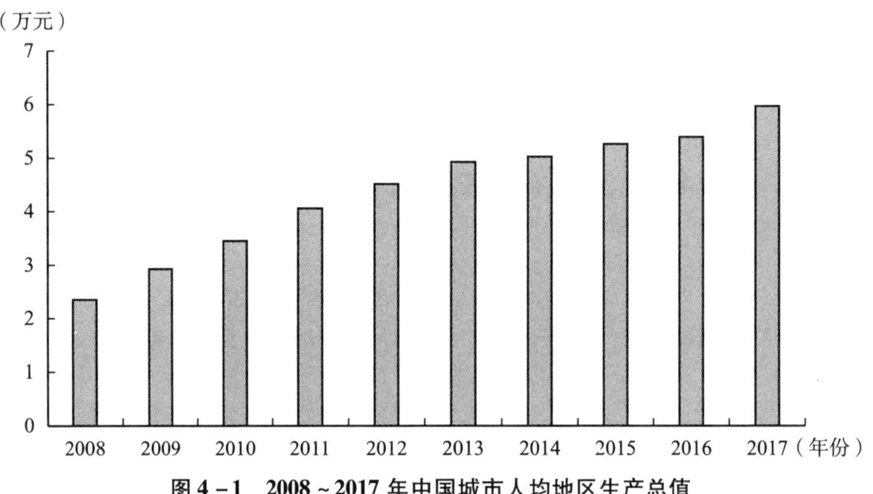

图 4－1　2008～2017 年中国城市人均地区生产总值

资料来源：根据 2009～2018 年《中国城市统计年鉴》计算得出。

城市固定资产投资规模稳定增长。近年来，经济政策效果不断显现，固定资产投资规模稳定增长，成为城市经济运行中的突出亮点。如图 4－2 所示，2008～2017 年间，城市固定资产投资总额由 2008 年的 163417.55 亿元增长到 2017 年的 604284.07 亿元，年均增长 15.89%，这意味中国为适应城市经济高质量发展的要求，加大了城市固定资产的投资力度，并逐年提升新型产业的投资力度，特别加大对新一代信息技术、节能环保、人工智能、软件和信息服务以及科技服务业等“高精尖”产业的投资，力图实现经济发展新旧动能转换，使创新产业成为促进中国城市经济高质量发展的主要驱动力。这一方面表明国家对城市经济发展的重视程度；另一方面也展现出固定资产投资规模对城市经济高质量发展的作用力度。城市固定资产投资规模稳定增长也成为未来城市经济发展中的必然趋势。

① 《中国城市统计年鉴》。

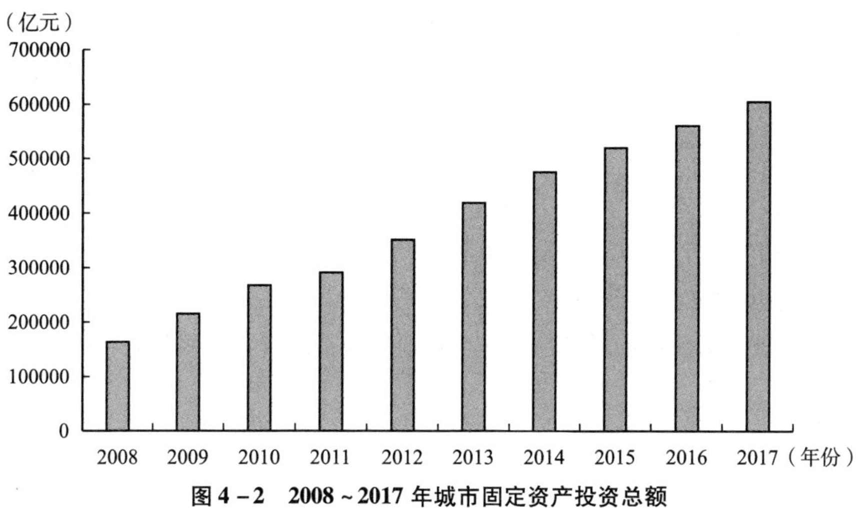

图 4-2　2008~2017 年城市固定资产投资总额

资料来源：2009~2018 年《中国城市统计年鉴》。

中国的国际影响力显著提升。城市作为区域经济活动和发展的核心空间，为国际影响力的提升贡献了力量；反过来，国际影响力的提升也使得其他国家对中国更加信赖，中外得到更多合作机会，从而能够为中国城市经济向更好的、更高质量的方向发展提供机遇。中国是世界经济增长的动力之源、稳定之锚，为世界经济的艰难复苏做出了重大贡献。2017 年，我国国内生产总值为 11.96 万亿美元，占世界经济总量的 15% 左右，比 2008 年提高超过 9 个百分点，稳居世界第二位。①

4.1.2　结构调整稳中有进

城市经济的发展进程中，为能够全面适应并融入新常态的发展现实，各地区和各部门遵照经济发展新常态的要求，做出了重大的贡献。特别是在产业结构调整层面，结构体系逐步优化，在需求侧持续发力的同时，不断推动着供给侧结构性改革的步伐，使得城市经济结构调整速度加快，转型升级力度大增，区域协调发展水平大增，城市经济发展向中高端水平不断迈进。

① 张翼．三大指标透视波澜壮阔四十载［N］．光明日报，2018-08-28（1）．

城市产业结构持续优化升级。城市第三产业发展速度不断提升，对城市经济社会发展的支撑带动作用与日俱增。如图4-3所示，第三产业增加值占国内生产总值的比重由2008年的41.82%到2017年51.6%，2008~2017年间增长了近10个百分点，展现出显著的增长速度；2013年第三产业现价增加值占国内生产总值的比重首次超过第二产业，成为国民经济第一大产业。同时，城市第三产业从业人员也由2008年的6000万人增加到2017年的9096万人，比2008年增多了3096万人，年平均增长率为5.16%，彰显出城市第三产业对就业人员的拉动效应和城市产业结构持续优化升级的内在功效。

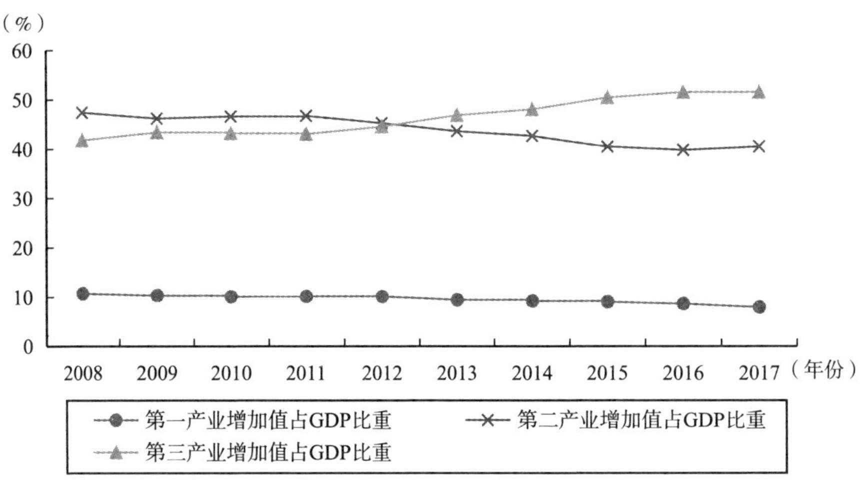

图4-3　2008~2017年三次产业增加值占国内生产总值（GDP）比重

资料来源：2009~2018年《中国城市统计年鉴》。

消费成为城市经济发展主要推动力。中共十九大报告做出了“中国特色社会主义进入新时代”的重大判断，明确指出“我国社会主要矛盾已经转化为人民日益增长的美好生活需要和不平衡不充分的发展之间的矛盾”。美好生活的内涵无疑是丰富的，其核心在于扩大居民消费从而提升居民福利水平。在扩大内需政策的作用下，中国居民消费潜力有序释放，消费升级势能持续释放，消费产品和服务供给质量不断提升，消费的基础性作用不断加大，成为城市经济增长的主要推动力。国家统计局数据表明，2018年上半年，最终消费支出对国内生产总值增长的贡献率为78.5%，同比上升14.2个百分点。

这充分体现了消费对我国经济发展的基础性作用。2018 年我国社会消费品零售总额 38.1 万亿元，比 2017 年增长 9.0%。城市和农村居民的恩格尔系数分别由 2013 年的 35.0% 和 37.7% 下降到 2018 年的 27.7% 和 30.1%，接近或达到富足标准；城市居民人均服务型消费支出从 2006 年的 353.46 元增长到 2015 年的 7563.44 元，年均增长 203.98%，[①] 这都表明消费规模总量的扩大和消费结构的升级，对城市经济发展必然产生重要的推动作用。同时，从城市居民人均可支配收入水平来看也能展现出消费水平的巨大潜力，理论层面而言，城市居民人均可支配收入与其最终消费支出呈正相关关系，即随着城市居民人均可支配收入的增加其最终消费支出也会增加，如图 4-4 所示，2013~2017 年间，中国城市居民人均可支配收入由 2013 年的 26467 元增长到 2017 年的 36396 元，增长了 37.51%。这也能够表明，城市居民的消费能力逐步提升，对城市经济高质量发展具有重要的拉动作用。

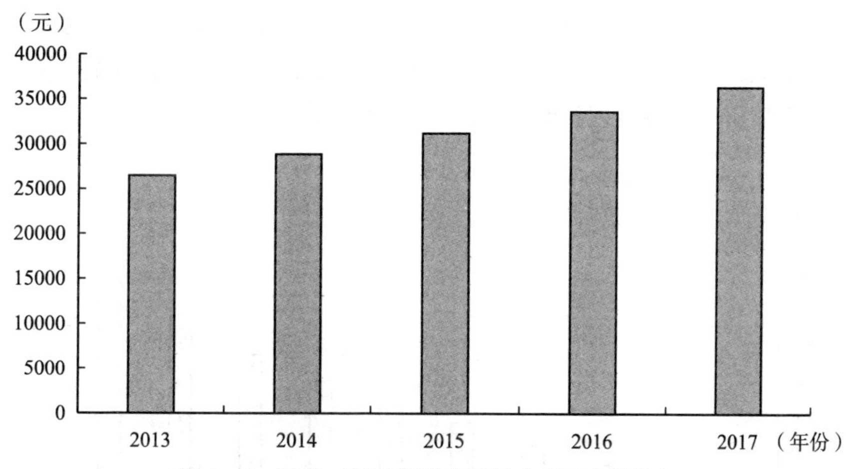

图 4-4 2013~2017 年城市居民人均可支配收入

资料来源：2014~2018 年《中国城市统计年鉴》。

① 毛中根．消费对经济发展的基础性作用增强［N］．成都日报，2019-06-05.

4.1.3 自主创新扎实推进

创新是引领发展的第一动力，创新驱动发展战略日渐成为国家的重大发展战略并发挥关键性作用。我国自主创新扎实推进，为城市经济高质量发展提供了重要的技术支撑。

城市科技创新不断取得重大突破。国家对科技创新的支持力度持续加大，研发投入快速增加。如图4-5所示，城市科教投入支出由2008年的833.51亿元增长到2017年的3858.45亿元，增幅为362.92%，一批具有标志性意义的重大科技成果涌现，载人航天、探月工程、量子通信、射电望远镜、载人深潜、超级计算机等实现重大突破，带动了劳动生产率稳步提高。同时，在城市科技创新不断刷新纪录的前提下，推动着中国的创新型国家建设取得重要进展。2017年，国家创新指数综合排名比2016年提升了1位，继2016年超越澳大利亚之后，2017年又进一步超越比利时，位居第17位，这表明中国的创新能力继续稳步提升在中等收入国家中排名首位，大幅领先其他金砖国家，彰显出城市科技创新的重要性和现实价值。

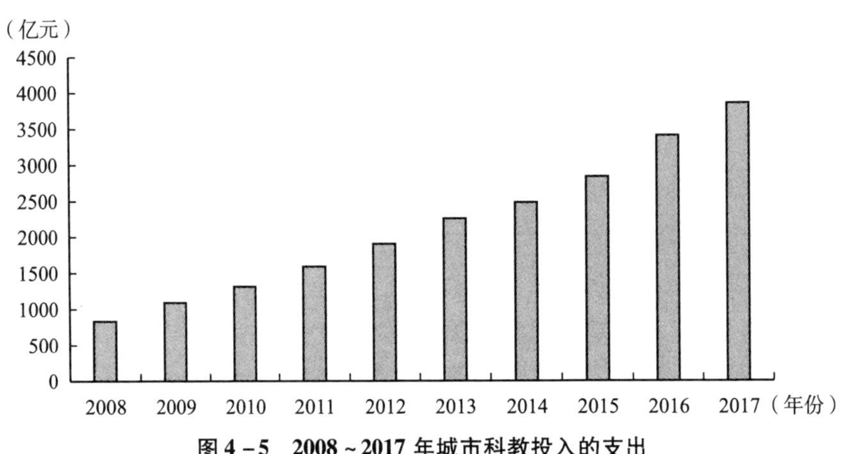

图4-5 2008~2017年城市科教投入的支出

资料来源：2009~2018年《中国城市统计年鉴》。

大众创业、万众创新蔚然成风。随着商事制度改革和“放管服”改革的持续深化，集众智汇众力的乘数效应不断显现。28 个国家双创示范基地建设全面推进。2017 年，全国新设市场主体达到新高点，为 1924.9 万户，同比增长 16.6%，比 2016 年提高 5 个百分点，平均每天新设 5.27 万户，高于 2016 年的 4.51 万户。[①] 全年新设企业 607.4 万户，同比增长 9.9%，平均每天新设 1.66 万户，高于 2016 年的 1.51 万户。专利申请量和授权量大幅增长，创新成果不断涌现。2017 年，发明专利申请量 138.2 万件，同比增长 14.2%，审结 74.4 万件，授权周期稳定在 22 个月。PCT 国际专利申请受理量 5.1 万件，同比增长 12.5%。实用新型和外观设计申请量分别为 168.8 万件和 62.9 万件。国内发明专利拥有量为 135.6 万件（不含港澳台地区），每万人口发明专利拥有量达到 9.8 件。知识产权保护社会满意度由 2016 年的 72.38 分提高到 2017 年的 76.69 分。[②] 成为继美国和日本之后，世界上第三个发明专利拥有量超过百万件的国家。

4.1.4 基础设施不断完善

随着经济社会快速发展，人们对城市基础设施建设的要求越来越高，为能够适应城市经济高质量发展的要求，加强基础设施建设力度、拓展基础设施建设空间及优化基础设施建设布局成为城市经济又好又快发展的前提，一批关系国计民生的重大工程建成投产，保民生、兜底线、补短板、增后劲的效应逐步显现，城市基础产业和基础设施保障能力显著提高。

城市卫生基础设施进一步巩固。作为关系到人民健康与福祉的关键，城市卫生基础设施建设不断改进和更新，如图 4 - 6 所示，医院卫生床位数由 2008 年的 356.6 万张增长到 2017 年的 585.2 万张，年均增长涨幅为 6.41%，其中在 2016 年时达到最大值 654 万张；同时，每万人拥有的床位数由 2008 年的 29.13 张增长到 2017 年的 44.8 张，年均增幅 5.40% 左右，充分展现出城市卫生基础设施扩张的强劲性。

---

① 2017 年新设市场主体创新高 [N]. 人民日报，2018 - 01 - 19.

② 我国 2017 年发明专利申请量 138.2 万件 同比增长 14.2% [N]. 经济日报，2018 - 01 - 14.

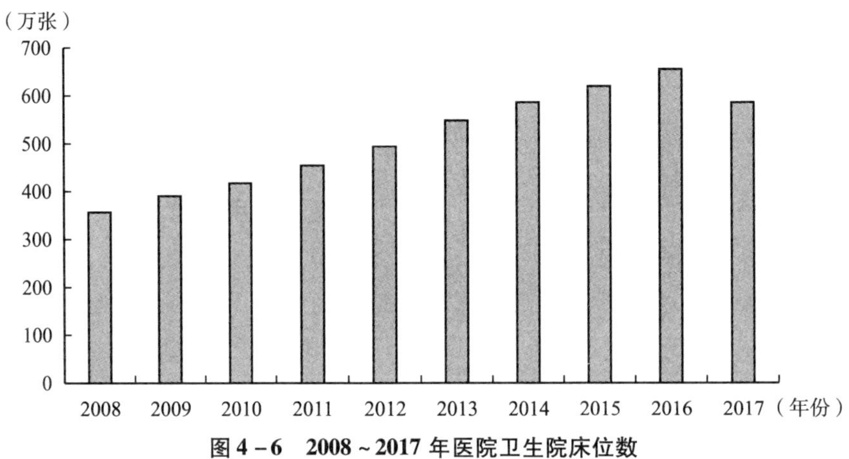

图4－6　2008～2017年医院卫生院床位数

资料来源：2009～2018年《中国城市统计年鉴》。

城市交通运输能力逐步提高。随着中国运输网络的快速、综合建设，畅通东西南北、国内国外的交通运输线路逐渐落成，交通运输速度和承载能力均有大幅提高。从陆运方面来看，截至2018年底，中国的铁路营业里程已经超过了13万公里，高速铁路营业里程在全世界高速铁路总营业里程中的占比超过了2/3，中国铁路的客运量、货运量等指标均远超世界其他国家。同时，中国也一直在加强中、西部地区的铁路运输建设，宝兰高铁、西成高铁等铁路项目也逐一建成、投入运营，有利于提高铁路沿线地区的经济发展水平和人民生活水平，对推进区域协调发展和乡村振兴这两大战略均具有重大意义，也是推动城市经济高质量发展的关键一环。中国的公路里程和高速公路覆盖率也在逐年稳步上升中，不仅实现了国省干线公路对县级以上行政单位的全覆盖，中国各个乡镇、建制村的公路通达率也随着农村公路建设的推进接近了100%。从水运和航运方面来看，中国的港口建设和机场建设的成效显著，截至2018年底，中国的生产性码头泊位已经超过2.7万个，中国的民航运输机场达到235个，民航运输机场的旅客吞吐量也一直在稳步提升之中。在邮政和快递方面，中国已经快速形成了规模巨大的邮政和快递网络，对于推动经济发展和提高公民生活水平均有不可忽视的作用。城市交通运输能力的提高，是城市经济高质量发展的重要方面。

城市信息通信水平快速增强。城市信息通信水平中的网络基础设施建设，是培育和发展电子商务、移动支付、定位服务的重要基础，是推动互联网、物联网、云计算等技术在中国发展和应用的重要前提。相关研究显示，宽带建设具有明显拉动经济增长的作用，有利于加快信息传递速度，进而提高经济社会的运作效率，并对提高就业率有一定作用。如图 4－7 所示，截至 2017 年底，中国的移动电话年末用户数已经超过了 14 亿，在十年内增长了约一倍。同时，为了加强网络基础设施建设而实行的“宽带中国”战略，推动了全世界规模最大的宽带通信网络在中国的建成，中国的宽带接入能力和互联网网速平均速率均有大幅提升。城市信息通信水平的快速增强，是城市发展质量提高的重要体现，也是继续推动城市经济高质量发展的重要内容。

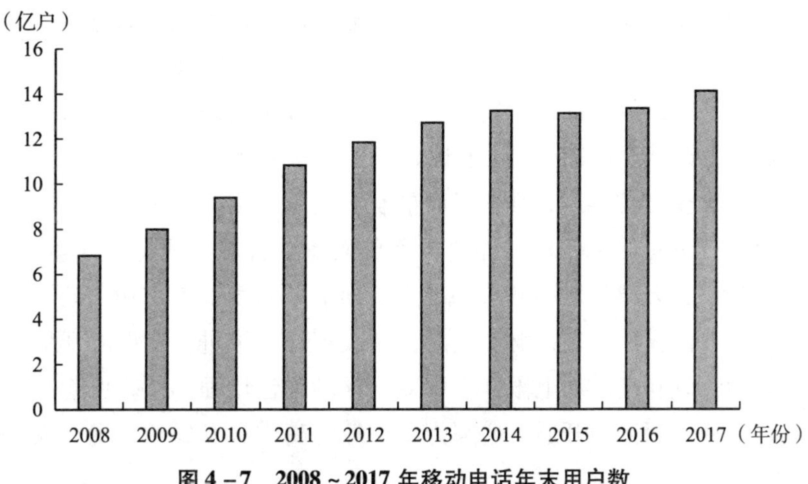

图 4－7　2008～2017 年移动电话年末用户数

资料来源：2009～2018 年《中国城市统计年鉴》。

4.1.5　深化改革蹄疾步稳

城市经济高质量发展离不开体制改革的功劳，面对城市产能过剩和城市管理体制复杂的现实，国家不断深化供给侧结构性改革和放管服改革，为城市经济高质量发展效果的实现奠定了基础。

供给侧结构性改革迈出实质性步伐。以“三去一降一补”为重点任务的供给侧结构性改革初见成效。2016 年钢铁产能超过 6500 万吨，2017 年钢铁产能 5000 万吨，“十三五”的前两年，钢铁完成去产能已超过 1. 15 亿吨。距离“十三五”时期 1. 5 亿吨的上限目标，还剩下几千万吨的规模。全国煤炭有效产能 41. 39 亿吨。2017 年底，商品房待售面积 58923 万平方米，比 2016 年末减少 10616 万平方米。其中，商品住宅待售面积 30163 万平方米，减少 10094 万平方米。2017 年底，规模以上工业企业资产总计 112. 3 万亿元，比上年增长 6. 90%；负债合计 62. 3 万亿元，比上年增长 5. 69%；所有者权益合计 50 万亿元，比上年增长 8. 50%；资产负债率为 55. 50%，比上年下降 0. 61 个百分点。[①] 生态环保、农业、水利和战略性新兴产业等短板领域投资快速增长。

城市“放管服”改革取得实质性进展。“放管服”改革实施以来，中国政府在推动简政放权、放管结合、优化服务方面取得了显著的进步，不但稳定并提升了市场配置资源的基础性作用，而且政府的宏观调控能力和公共服务水平也有了明显的改进，彰显出“放管服”改革的内在功效。商事制度改革持续深化，改革全面铺开，“五证合一、一照一码”的推进实施，“双随机、一公开”全方位推广，强化了商事制度改革力度，对于未来城市的放管服绩效提升有正向促进作用；外商投资负面清单管理模式持续规整和完善，在上海、广东、天津等地展开市场准入负面清单制度试点工作。同时，在关键领域改革并向纵深推进，财税金融体制改革稳步推进，全面放开贷款利率管制，取消存款利率浮动上限，汇率双向浮动弹性增强，存款保险制度正式实施，沪港通、深港通开通，这都为城市经济高质量发展的实现贡献了较大力量。

4. 1. 6　对外开放纵深发展

为应对不断升级的国际贸易摩擦，全方位适应经济全球化与区域一体化发展的新形势与新特点，中国实行了更加积极主动的开放战略，外向型的经

① 王璐. 2018 年去产能扩容结构生变［N］. 经济参考报，2018 - 01 - 29（A1）.

济体系不断完善，结构逐步优化，使得对外贸易方式和投资方式持续拓宽，内外投资协调度进一步协调，高效拓展了城市对外开放的深度和广度，激发了开放型的城市经济活力。

城市进出口贸易由量的扩张转向质的提升。2017 年，我国全年货物进出口总额为 277923 亿元，相对于 2006 年增长 14.21%。其中，出口 153321 亿元，同比增长 10.81%；进口 124602 亿元，同比增长 18.70%；货物进出口差额为 28718 亿元，比 2016 年减少 4734 亿元；对“一带一路”沿线国家进出口总额 73745 亿元，相对于 2016 年增长 17.80%，其中，出口 43045 亿元，增长 12.12%；进口 30700 亿元，增长 26.81%。稳居世界第二位。另外，如图 4-8 所示，2017 年使用外资投资额为 2757.76 亿万美元，是 2008 年的 1.83 倍，年均增长率为 8.33%。

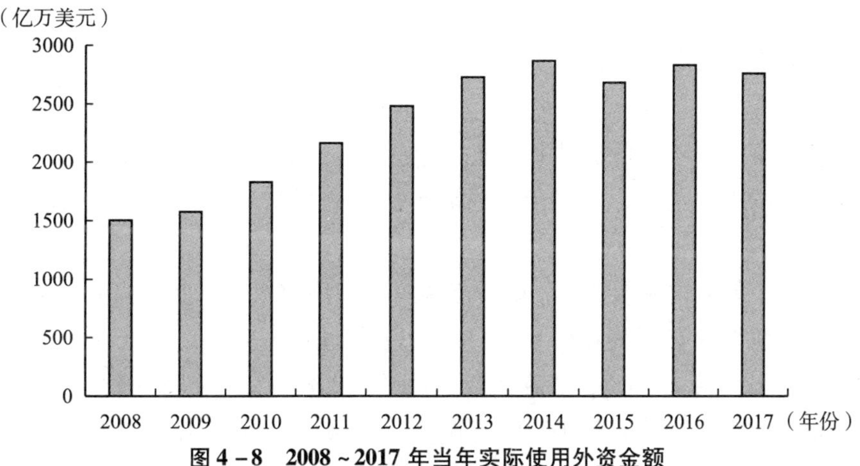

图 4-8　2008~2017 年当年实际使用外资金额

资料来源：2009~2018 年《中国城市统计年鉴》。

全方位开放取得新进展。在外贸进出口方面，2013~2017 年间，中国与“一带一路”沿线国家进出口总值为 33.2 万亿元人民币，年均增长 4% 左右，高于同期中国外贸年均增速，成为对外贸易发展的一个新亮点。[①] 2017 年，

① 海关总署：2013 年—2017 年与“一带一路”沿线国家进出口总值年均增 4%［EB/OL］. 国际在线，https：//dy.163.com/article/DF9OKUEU051497H3.html？referFrom=360，2018-04-13.

中国对“一带一路”沿线国家投资合作稳步推进；中国企业对“一带一路”沿线的59个国家进行新增投资，合计143.6亿美元，占同期总额的12.01%，比2016年同期增加3.51个百分点。这一年，中国企业在“一带一路”沿线的61个国家新签对外承包工程合同额1443.2亿美元，占同期总额的54.39%，同比增长14.48%；完成营业额855.3亿美元，占同期总额的50.72%，同比增长12.60%。境外经贸合作区建设成效显著，截至2017年末，中国企业共在44个国家建设初具规模的境外经贸合作区99家，累计投资307亿美元，入区企业4364家，上缴东道国税费24.2亿美元，为当地创造就业岗位25.8万个，彰显出城市对外开放的纵深化发展，有力地助推了城市经济高质量发展。

4.1.7 环境保护成效显现

中共十八大提出，既要“金山银山”又要“绿水青山”，要全面推动经济绿色发展。顺应绿色发展理念，加大城市环境治理力度，着力改善城市生态环境，全面节约和高效利用资源，构建生态安全屏障，既属于城市经济高质量发展的必要前提，也属于构建城市经济高质量现代化经济体系的必然要求。

城市节能减排成效显著。城市能源资源利用效率得到整体提升，单位地区生产总值能源资源消耗明显下降。2017年城市万元地区生产总值能耗比2016年同比下降3.70%，能源消费总量增长2.89%。如图4-9所示，2017年城市工业废水排放量为109.18亿吨，比2008年减少了121.82亿吨，年均减少12.18亿吨，这些数据都表明我国城市节能减排成效显著，对于实现绿色发展做出了重要贡献。

城市环境治理和保护力度持续加大。造林步伐继续加快，2017年全民义务植树扎实推进，国土绿化行动大规模推进，林业生态工程稳步实施，全年完成公路绿化里程5万公里，沙化土地治理221.3万公顷，新建自然保护区50.3万公顷。此外，草原综合植被盖度55.3%。

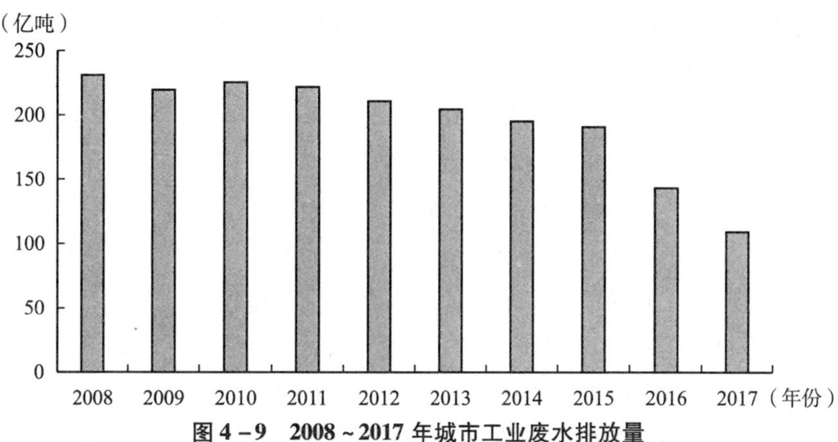

图 4-9　2008~2017 年城市工业废水排放量

资料来源：2009~2018 年《中国城市统计年鉴》。

城市环境质量稳步改善。2017 年在大气环境质量方面，全国 338 个地级及以上城市中，有 99 个城市的环境空气质量达标，占城市总量的 29.29%。338 个地级及以上城市中平均优良天数比例为 78.02%。细颗粒物（PM2.5）年平均浓度为 43 微克每立方米，同比下降 6.50%；可吸入颗粒物（PM10）年平均浓度为 75 微克每立方米，同比下降 5.11%，与 2013 年相比下降 22.72%。部分典型区域，如京津冀、长三角、珠三角区域 PM2.5 年平均浓度分别为 64 微克每立方米、44 微克每立方米、34 微克每立方米，与 2013 年相比分别下降 39.61%、34.29%、27.68%。重度污染的北京市，PM2.5 平均浓度为 58 微克每立方米，同比下降 20.52%。463 个城市（区、县）开展了降水监测，酸雨城市比例 18.81%，酸雨频率平均为 10.79%。[①] 城市环境治理的稳步改善对于城市经济高质量发展目标的实现具有十分重要的推动作用。

4.1.8　营商环境不断优化

营商环境不断优化对城市经济高质量发展的实现提供了环境保障。作为

① 去年 338 个地级及以上城市空气平均优良天数比例 78.0% [EB/OL]. 中国新闻网，http://www.xinhuanet.com/politics/2018-05/31/c_1122917742.htm，2018-05-31.

一个国家或地区经济软实力的重要体现，营商环境已成为国际竞争力的重要体现。在2018年首次国务院常务会议上，进一步优化营商环境作为首个议题被提出。遵循中共十八大精神及2018年12月召开的中央经济工作会议章程，此次常务会议指出，优化营商环境就是解放生产力，提高综合竞争力。近年来，从党中央、国务院部署出台各种政策到各地区各部门寻求可持续发展的种种举措，都是在围绕解决营商环境问题所做的努力，取得积极进展，大力改善了营商环境。世界银行发布的《2019年营商环境报告》显示，中国是营商环境改善最显著的十个经济体之一，全球排名直接从78名跃升至46名，这也直接反映了对于改善营商环境中国自上而下的决心和努力。2019年新出台的《中国营商环境评价实施方案（试行）》开始印发实施。其中，在进一步提升企业积极性方面，该方案中拟有取消下放31项行政许可事项，企业注销流程、手续简化，制定涉企政策法规必须听取相关企业和行业协会商会意见等；在提升市场活力方面，加快推进国企混合所有制及石油天然气管网运营机制等等在重点领域的改革进程，设立科创板且初步试点注册制；在创造市场需求方面，稳步推进第三方市场合作，150多个国家和国际组织与中国签署“一带一路”合作协议并已开展相关的产能投资合作，实施《中华人民共和国外商投资法》以更大力度缩减外商投资的负面清单。优化营商环境的目的就是能为市场提供更加完善的服务和更加广阔的发展空间，这样也有利于民营经济的发展迈上新的台阶。进入新时代以来，中国已经进入了发展的关键时期，中国梦的实现，中华民族的伟大复兴，都需要我们不断优化营商环境，激发市场经济活力。随着营商环境优化进程的逐步深入推进，各类市场主体也将显现出更进一步的活力。在中国城市营商环境不断优化的基础上，政府也将持续发力，打造更加开放、包容、可持续的营商环境，为中国城市经济发展质量迈上新台阶提供更强有力的支持。

4.2 城市经济高质量发展面临的挑战

在城市经济高质量发展成效的背后，也面临诸多的挑战，合理识别这些挑战对于未来推动城市可持续运行和实现高质量发展的目标有着重要的意义。

根据城市经济高质量发展的基本内涵和现实条件可以看出，经济增长方式、经济结构转型、空间资源配置效率及技术创新等成为我们必须高度重视的现实问题。

4.2.1 传统经济增长方式的制约

过去几十年时间里，中国经济增长理念依旧缺乏前瞻性，长期坚持以要素驱动和投资拉动为特征的外延式经济增长模式来实现经济规模的持续扩张，保持经济超高速增长的发展态势；工业增长方式相对粗放，低端产业占比较大，资源环境负担较重，经济发展质量偏低等成为其运行的经济社会后果。随着新旧时代特征的变换，中国经济发展理念也不断更新，创新发展、协调发展、绿色发展、开放发展、共享发展这五大发展理念必将贯彻城市经济高质量发展的始末，而这也意味着推动城市经济增长方式的转变势在必行，必须由粗放低水平的数量扩张转向集约高效率的质量发展，以此提高城市经济发展质量和全要素生产率。但是，各种制约因素仍阻碍着经济增长方式的转变，对于城市经济高质量发展提出了根本性的挑战，主要表现在以下几个维度。

（1）制度性因素限制，包含经济制度制约和政治制度制约的双重体系。前者主要表现在市场作用乏力，虽然我国实行的是社会主义市场经济，理论而言，市场应在资源配置中起决定性作用，但计划的因素仍然存在，由此导致城市经济发展缺乏合理的价格机制和财税制度，价格的市场化还不够充分，当前的财政税收收入机制也还不能完全满足城市经济高质量发展的现实要求；后者主要表现在监督机制的缺失和决策制度的不合理，政治制度的缺陷会影响决策的正确性和政策的有效性，进而对城市经济增长方式的转变和经济高质量发展产生影响。

（2）技术创新性不足。技术水平和创新能力是当前中国转变经济增长方式的一道难关。我国的技术人才流失严重，核心科技对外依赖性强，科技创新能力较差，尤其是原始创新和集成创新的难度较大，多属于消化吸收再创新的模式类型，明显会对城市经济增长方式的转变提出严峻挑战，这将在很大程度上影响着中国城市经济的高质量发展。

(3) 区域差异化水平的阻碍。我国幅员辽阔，各城市之间的自然环境、人文环境、政治环境差异明显，使得不同城市间的经济增长方式和发展特征也不尽相同，造成了各城市之间的增长方式不能统一固定，为各方增添了不少压力；然而，在以竞争为主流的前提下，各城市间更加关注自身的快速发展，忽略或回避合作机制，将不利于城市经济的合作共赢效果的实现，也不利于经济增长方式的科学转变和城市经济的高质量发展。

4.2.2 经济结构转型难度升级

改革开放四十多年以来，中国充分享受着“改革福利”和“人口福利”带来的惠利，经济走上快速发展轨道，工业化和城市化进程加快推进，在短短几十年的时间里完成了资本的快速积累，经济规模总量持续扩大，中国成为仅在美国之后的世界第二大经济体。但是经济持续扩张的背后隐藏了众多问题和隐患，以高污染、高耗能、高排放为特征的传统工业给城市经济发展带来了一系列的不良连锁反应，包括资源紧张、环境污染、气候变化等人类无法回避的城市问题，城市经济发展质量堪忧，可持续性也有待考验。新时代中国城市经济高质量发展需要不断打破经济结构低端锁定，推进供给侧结构性改革，坚持“三去一降一补”，解决当前中国经济社会的阶段性供需矛盾，加速经济结构优化升级，突破以往经济结构的限制。但是旧有的依靠资源要素驱动的经济结构长期存在于中国经济社会，根植于中国社会的经济土壤，城市经济结构转变难度升级，转变过程遭遇各方阻力，助力经济结构转型的政策措施在执行过程中也带来了诸多负面影响，主要体现在以下几个层面。

(1) 来自企业的阻力。城市经济结构的转型升级意味着众多企业需要对未来的发展战略做出重大调整，调整势必会使企业产生代价，因此政策推行难度大，会遭受到来自部分传统企业的激烈反对和强大阻力，尤其是包括化工、煤炭、钢铁等具有“三高特征”的工业企业，引发城市经济结构转型困难的社会后果。

(2) 来自部分地区地方政府的阻力。地方政府职能和效能的发挥主要依赖于财政资金的支持，而地方政府的财政来源除了中央财政收入外，主要依靠当地企业的税收来提供，而经济结构的转型势必会影响到大量企业的经济活动，企业收益规模缩小，政府税收水平相应降低，导致城市经济高质量发展的推进中会遭到来自政府的巨大压力，政府难以痛下决心砍掉过剩以及过旧的产业，经济结构转型遭遇难点。

（3）城市就业压力大增。经济结构的转型升级意味着要淘汰一大批不符合新时代城市经济发展要求的老旧产业，在某种程度上也就意味着存在失业率增加的可能性风险，这将不利于社会稳定格局的形成。

（4）经济下行压力增大。供给侧结构性改革为城市经济高质量发展带来成效的同时也对经济发展带来一定的冲击，可能会使一些过剩产业、“僵尸企业”被强制清洗，也可能会使一些企业业务量缩减，投资规模减小，作为城市经济高质量发展的市场主体，企业业务活动量的骤降，势必会严重削弱经济运行活力，降低高质量发展动力，阻碍着城市经济高质量发展目标的实现。

4.2.3 空间资源的配置效率低下

在旧有的以资源要素驱动的城市经济增长模式下，城市经济发展通过资源要素量的积累实现了经济规模总量的提升，但在这一过程中却严重忽略了城市经济高质量发展所需重视的要素资源合理配置问题，由此产生资源要素投入产出比例不协调和效率低下的后果，大量的资源要素得不到合理配置，处于半利用或伪利用的状态，没有充分发挥其自身价值，出现了利用质量和规模总量双轨脱离的情形。资源配置效率直接影响着城市经济发展的效率和质量，任何战略层面的政策能否成功推行都必须考虑资源配置是否具有效率。经济新常态下，城市经济高质量发展对资源配置效率提出了更高的要求。

（1）由于各种历史和现实原因，中国在城市经济发展中长期陷入资源配置效率低下的困境已经成为不争的事实，发生了低效率的企业拥有较多的资源反而不被驱逐出市场的现象，这种“劣币驱逐良币论”的资源配置现象，进一步加深了资源误置程度，对城市经济高质量发展产生严重阻碍。

（2）公共政策的不正常影响。多数情况下城市经济发展中的资源误置是由公共政策存在的不合理性所引致，包括沿海经济特区的设立、中部崛起战略、西部大开发战略、东北振兴战略等政策的推行都不同程度导致了不同区域间的非均衡发展，这是由于国家在进行资源配置时考虑的先决条件并非资源配置效率，这成为中国资源配置效率偏低的一个重要原因。

（3）地方保护主义在中国社会盛行，地方政府通过设置各种政策壁垒企图保护地方经济，导致产品和要素无法实现跨区域、跨部门的无障碍自由流动，以至于不同区域之间，不同部门间的劳动力市场和资本市场均出现资源误置的情况，最终导致全要素生产率无法有效提高、消费者福利下降，进而影响城市经济发展质量。

（4）要素市场改革尚未完成，要素自由流动机制尚未健全，市场对资源配置的决定性作用体现性不强。中国要素市场化程度偏低的现象主要体现在资金要素、土地要素、劳动力要素三个方面。在资金要素方面，中小微企业所处的金融环境较为艰难，融资难、融资贵的情况时有发生；在劳动力要素方面，基本公共服务不均等以及劳动力流动的制度性障碍导致劳动力流动的成本较高，降低了劳动力要素的配置效率；在土地要素方面，我国土地改革仍有待深化，农村土地要素未被充分盘活，缺乏发展活力，影响土地资源配置效率。这些要素市场化程度的偏低都将影响着空间资源的配置效率，都会对城市经济高质量发展产生重大的影响。

4.2.4 技术创新面临瓶颈期的挑战

新时代下，国内外环境已经发生了深刻的变化，中国的“人口红利”和因“改革红利”带来的“投资红利”已经逐渐走向消失的边界，我国依赖资源要素驱动经济快速增长的模式已经不再符合新时代的发展要求，难以为继，必须进行新旧动能转换。城市经济增长动力必须由资源要素驱动转向科技创新驱动，要充分利用科技创新的强劲动力，全面提升科技创新的城市经济发展效应，以创新带动中国城市经济新一轮的稳定增长，以技术促进城市经济高质量发展。由目前城市科技创新水平来看，虽呈现逐年递增的趋势，科技创新力度也有所增强；但成就的背后也面临着瓶颈期的挑战，存在着一系列突出的问题，影响着新旧动能的转换和城市经济的高质量发展。

（1）制度上存在固有缺陷。为技术创新提供坚实保障的制度环境还没有完全建立起来，知识产权保护制度、科技成果产权激励制度以及创新成果向企业转移机制等制度机制都亟待完善，影响技术创新的诸多体制机制障碍也尚未完全消除，这将无法为城市技术创新提供全面的制度保障，影响着城市经济的高质量发展。

（2）核心科技自主创新水平偏低，对外依赖性强。现有的技术创新中，企业自主创新能力明显不足，更多的企业为降低生产运作成本以获取短期利益倾向于选择技术引进多于自主创新，技术上的核心竞争能力不强，对关键技术把握不足，对外依赖程度很高，无法实现由对外依赖向自主创新和研发转变，影响着城市经济高质量发展。

（3）科技成果转化率低。由于缺少资金投入，很多的科技创新无法得到资金保障，而且中国中小企业偏多，长期存在融资难、融资贵的困境，资金缺口较大，不仅科技创新意识不强，对科技创新的支撑能力也不足，技术创新和产品开发严重滞后。同时，科技创新与市场需求严重脱节，真正能转化成实际生产力的科技创新较少。目前中国的技术发展与市场需求的对接阶段出现了问题，在强调技术进步的同时忽略了工业应用和用户需求，造成技术进步与实际应用之间的脱节，实用性和推广性较差，无法应用到城市具体生产中，造成理论创新和实践需求的不一致。

（4）高校和科研院科技管理体制的局限性。高校和科研院所是中国科技创新的重要组成部分，以它们为主体的科研力量仅仅关注技术进步，科研项目的申报审批也存在公平性和透明性的问题，损伤了部分科研工作者的积极性，影响科技创新的成功率，更是无法将科研成果与社会需求相对接，并进行实际转化。技术创新作为城市经济高质量发展的核心，影响甚至决定着城市经济高质量发展的实现程度；这就需要在未来的进程中强化创新驱动力，革除瓶颈期的挑战，为实现城市经济高质量发展提供科技贡献。

4.2.5 缺乏与高质量发展相适应的制度环境

制度调整是城市经济高质量发展的必然要求，推进城市经济高质量发展必须建立健全与之相适应的制度体系，为之打造优质化的制度环境，清除制度性障碍，攻破制度性壁垒，实现制度作用力方向的转换，使制度成为城市经济高质量发展的助推力，而非阻碍力。但就目前而言，这种高质量发展所需要的制度环境在中国社会还没有被完全成功营造，营造过程中存在一系列问题，成为实现城市经济高质量发展路途中的挑战。

（1）生产要素市场化配置的体制机制不够健全。主要表现在要素市场发展的相对滞后以及市场竞争的不够充分，无法实现要素自由且充分的流动，因垄断力量存在所导致的市场竞争力的不足也使得资源配置效率难以实现最大化，事实上阻碍了城市经济结构的转型升级。

（2）科技创新的体制机制不够协调。主要表现在部分创新政策落实不到位、企业原始创新能力与动力不足、核心技术对外依赖性强、技术成果转化率不高、科研经费投入产出低效率等，这些问题都将成为城市经济高质量发展的桎梏。

（3）一方面，人才发展的体制机制不够成熟。人才是经济社会发展的第一资源，同样也是城市经济高质量发展的首要资源，人才发展体制机制的问题主要表现在中国目前人才引进机制不够到位、人才管理体系不够完善、用人观念不够科学等方面，不利于人才结构的优化；另一方面，质量保障法律法规体制不健全。城市经济高质量发展一个重要的方面就是对产品质量进行严格的把控，质量保障法律法规体制的问题主要表现在法律法规制定层面的不完善以及监督体系建设的不到位，无法在法律制度层面为消费者提供良好的保障。

（4）城市公共服务发展的体制机制不够完善。随着信息化水平和人民生活水平的不断提高，公众对公共服务需求越来越大、质量要求越来越高，对国家之间、地方之间公共服务的差异也越来越敏感。然而，在具体的公共服务提供过程中却存在着体制机制不完善的现象，城乡户籍制度、土地制度、社保制度、金融服务制度等差异明显，二元结构体制相对突出，无法实现真正意义上的均等化，也没有切实印证出共享发展的理论内核，更无法推动城市经济高质量发展。为此，完善与高质量发展相适应的制度环境能够从制度层面为城市经济高质量发展的实现提供保障，增强共享发展水平。

4.2.6 生态治理、污染防治难度重重

在城市经济高质量发展的进程中，仍存在着生态治理、污染防治难度重重的问题，这不仅与绿色发展的理念背道而驰，也从根本上阻碍了城市经济高质量发展的实现。若要切实实现城市经济高质量发展，就必须进行生态环境治理，打好污染防治攻坚战，发展绿色经济。在新时代背景下，伴随着生活水平的提升，人们对生态环境有了更高的诉求。在我国社会主要矛盾发生变化的背景下，人们的生产生活需求也随之发生变化，低端层次的需求转向更高层次的需求，这其中就包括人们对生态环境质量的更高需求。实现城市经济高质量发展，必须着力满足人民群众日益多样化的新需求。然而，发展过程中也会出现各式各样的问题。

（1）环境保护的理念不足，行为不当。在具体的生态环境保护中，大部分的城市居民还存有“环境保护是政府的责任”的错误认识，没有将环保理念深入头脑，也没有以主人翁的意识参与到环境保护中，特别是在付诸行动上还存在较大差距，许多人对于如何做好环保工作与参与环保工作并不清楚，环保形势依然严峻、任务重、压力大。

（2）生态治理、污染防治与经济成本、经济效益之间的协调关系难以把控。城市经济发展不能以牺牲环境为代价，城市环境的治理也不能以产出水平和人民收入水平的降低作为替代品。经济要发展，污染防治工作也要开展，且污染防治是经济发展的前置条件。但是在现实情况下，生态环境治理工作、污染防治末端工作的开展势必会对城市经济发展产生影响，环保成本的增加导致生产成本居高不下，进而影响企业生产。因此，污染防治工作的推行会遭受到来自企业发展和经济运行的双层压力，这对于城市经济高质量发展势必产生负面效应。

（3）绿色发展的机制效能发挥不够充分。虽然中国一直在提倡发展绿色经济，也取得了历史性的进展，但对生态文明建设以及生态环境治理的高度重视就是近十年的事情，尤其是在中共十八大召开之后才被反复提及、强调，绿色发展的现代化经济体系尚未全面建立，生态补偿机制不完善，生态惩罚机制不健全，绿色金融可持续发展能力有待提高，环保违法成本偏低，惩罚

机制不健全，污染防治攻坚任务繁重。

（4）生态治理经常会涉及跨界治理，诸如河流的生态治理，就需要不同省份、不同城市之间进行协同治理，但不同区域（城市）之间的合作治理往往具有特定困难，责任划分难以明确，推诿扯皮的现象时有发生，治理措施难以落到实处，无法发挥实际效果，严重影响着城市经济高质量发展效果的实现。

4.2.7 营商环境优势不够突出

近几年来，营商环境优化问题一直受到各部门的高度重视。为营造更加优质和更具吸引力的营商环境，党中央、国务院加快推进政府职能转变，着力深化“放管服”改革，大幅削减各类行政审批事项，缩短办事流程，改革商事制度，着力降低制度性交易成本和企业生产经营成本，创造性地激发了市场活力，优化营商环境的举措取得了积极成效，但是“放管服”改革仍旧不够彻底，营商环境优势不够突出，目前仍存在一些短板问题，这对城市经济高质量发展产生了重大阻碍，主要表现在以下几个方面。

（1）部分地方政府在政策执行阶段对政策精神的把握不足，没有严格领悟并贯彻政策的精神实质。政府缺位、越位的现象比比皆是，部分地方政府该管的事没有管，不该管的事情仍然管得多；而且公共服务存在薄弱环节，一些地方监管执法存在“一刀切”现象，降低了行政服务效率、效能与效果。同时，政府各相关部门之间缺乏信息共享机制和协同作用机制，存在地区壁垒和部门壁垒的现象，政府部门之间通力合作的美好愿景难以实现，没有全方位发挥好政府的作用。另外，各种显性或隐性准入壁垒问题凸显，限制着企业的投资经营，不同所有制主体、不同投资主体在资质许可、标准制定等方面存在非公平性问题，公平竞争的市场环境尚未真正形成，对全球经济要素的吸引力日渐下降。

（2）审批难、审批慢的现象依旧存在。行政改革事项的整体协调性依旧偏低，对简化后审批制度的落实不够充分，审批标准也尚未被严格规范，审批时间仍然较长且存在迟滞性，尚未达到理想中的审批效率。再次，企业负担仍旧偏重，生存环境相对严峻。主要表现在中小企业的税收负担仍然较重，劳动力价格上涨导致用工成本上升，融资难、融资贵也持续加重了小微企业的负担，挤压着中小企业的生存环境。

（3）产权制度不完善。部分企业和个人对产权的认识不够充分，全社会的产权意识均有待加强；另外，从法律法规到政策制度再到监督体系这一链条来看，政府对产权的保护力度明显不足，阻碍了社会创造力的发挥，不利于营商环境的持续优化。总体而言，营商环境优势不够突出将在很大程度上限制着城市经济高质量发展的实现。因此，优化营商环境，发挥营商环境的作用优势将成为城市经济高质量发展的重要环节。

4.3 本章小结

城市经济高质量发展是各城市追求的战略目标和基本方向，实现这一目标就必须将创新发展、协调发展、绿色发展、开放发展、共享发展这五大发展理念深入贯彻并落地实施。各城市在推进经济高质量发展的进程中已取得明显的发展成效，但也面临着诸多的挑战。本章从综合实力显著提升、结构调整稳中有进、自主创新扎实推进、基础设施不断完善、深化改革蹄疾步稳等七个方面归纳梳理了我国城市经济高质量发展的卓有成效；同时，从发展方式、经济结构、增长动力转换、空间资源的配置效率与技术创新等方面甄别出当前城市经济高质量发展所面临的挑战，对于正确认识我国城市经济发展的现实及与经济高质量发展的目标差距奠定了实践基础。

| 第 5 章 |

城市经济高质量发展的空间差异分析

中共十九大指出，中国经济已由高速增长转向高质量发展阶段，这意味着传统的增长主义成为过去式，高质量发展将成为接下来中国经济发展的核心内容和关键内容。随着中国进入新时代，高质量发展正逐步成为城市经济建设的基础任务和核心要求，一味追求数字上经济增长的选择逐渐被边缘化，未来中国的城市经济建设工作必须坚持高质量作为发展的重点任务，探索城市经济高质量发展的途径，促使城市经济有效地沿着高质量的发展轨道行进。倘若实现城市经济高质量发展，必须要有相应的理论指导，揭示城市经济高质量发展的本质和基本规律。那么，新时代下应当如何在理论指导的基础上，科学构建出城市经济高质量发展的评价体系，并对其进行综合测度。对该问题的深层次探讨不仅可以为科学地认识中国当前城市经济高质量发展水平提供理论参考，也能够为城市经济高质量发展政策的制定提供实践依据。

5.1 研究方法、指标体系构建与数据来源

5.1.1 研究方法

5.1.1.1 熵值法

为了研究城市经济高质量发展问题，将该问题分解为目标层、要素层以及指标层，通过查询数据库、统计年鉴、统计公报等，将复杂问题量化，以确切的指标衡量其城市经济高质量发展水平。在过去，一般通过构建判断矩阵和相对重要性的比例标度等方式进行决策，这其中存在着一定的主观性，使得结果缺乏准确性。为保证更加真实而准确地反映城市经济高质量发展的基本情况，本书采用熵值法进行指标权重的计算，以确定最后的城市经济高质量发展水平。熵值法是一种客观赋权法，根据各项指标的大小来确定指标的权重，具体步骤如下：

（1）构造数据矩阵：$A=\begin{bmatrix} x_{11} & \cdots & x_{1j} \\ \vdots & \ddots & \vdots \\ x_{i1} & \cdots & x_{ij} \end{bmatrix}$，其中 x_{ij}为第 i 个方案第 j 个指标的数值。

（2）数据的非负数化处理，采用常规的方式即可。由于熵值法采用的是各个方案某一指标占同一指标总和的比值，因此不存在量纲的影响，不需要进行标准化处理。

（3）计算第 j 项指标下第 i 个方案占该指标的权重：

$$P_{ij}=\frac{x_{ij}}{\sum_{i=1}^{n}x_{ij}},\ (j=1,\ 2,\ \cdots) \tag{5-1}$$

（4）计算第 j 项指标的熵值：

$$e_j=-k\times\sum_{i=1}^{n}P_{ij}\ln(P_{ij}) \tag{5-2}$$

其中，$k>0$，ln 为自然对数，$e_j \geqslant 0$。常数 k 与样本容量 m 有关，一般令 $k=1/\ln^m$，则 $0\leqslant e\leqslant 1$。

（5）计算第 j 项指标的差异系数：对于第 j 项指标，指标 x_{ij} 的差异越大，对方案评价的作用越大，熵值就越小。$G_j=1-e_j$，G_j 越大，指标越重要。

（6）计算权重：

$$W_j=\frac{G_j}{\sum_{j=1}^{m} G_j},(j=1,2,\cdots,m) \tag{5-3}$$

（7）计算各方案的综合得分：

$$S_i=\sum_{j=1}^{m} W_j \times P_{ij},(i=1,2,\cdots,n) \tag{5-4}$$

5.1.1.2 探索性空间数据分析法

探索性空间数据分析法（ESDA）用于检测区域间是否存在空间相关性，一是整体性地反映观测值的空间相关性的全局空间自相关；二是用来分析空间数据在局部子区域所表现出来的空间异质性的局部空间自相关。

（1）全局空间自相关。

通常以全局 Moran's Ⅰ指数为全局空间自相关指标以分析整个研究空间的关联度，公式为：

$$\text{Moran's Ⅰ}=\frac{\sum_{i=1}^{n}\sum_{j=1}^{n}(X_i-\bar{X})(X_j-\bar{X})}{S^2\sum_{i=1}^{n}\sum_{j=1}^{n}W_{ij}} \tag{5-5}$$

式（5-5）中，参照贝涵璐等（2009）的做法将 i 省的城市经济高质量发展观测值表示为 X_i；j 省的城市经济高质量发展观测值表示为 X_j，且 $X_i\neq X_j$；构建空间位置权重矩阵为 W_{ij}，当 i 和 j 相邻时，W_{ij} 取 1，否则，W_{ij} 取 0；各地区城市经济高质量发展水平平均观测值用 X 表示；城市经济高质量发展水平观测值的方差用 S^2 表示；$(X_i-\bar{X})(X_j-\bar{X})$ 表示 i 省与 j 省的城市经济高质量发展的相似性；n 表示省级行政单位的数量，本书 n 取 31。

Moran's Ⅰ指数的取值在 -1 ~ 1 之间，当 Moran's Ⅰ为正数时，表示存在正的空间自相关，即城市经济高质量发展的观测值较高（低）的区域在空间上呈集聚态势，Moran's Ⅰ值越接近于 1，其正的空间自相关性越高；当 Moran's Ⅰ为负数时，表示存在负的空间自相关，即城市经济高质量发展观测值趋于分散分布，而且 Moran's Ⅰ值越接近于 -1，其负的空间自相关性越高；当 Moran's Ⅰ值为 0 时，表示不存在空间自相关，即研究区内各地区城市经济高质量发展呈无规律的随机分布状态。

此外，还需要用标准化的 Z 统计量对研究结果进行显著性检验，表达式为：

$$Z = \frac{1 - E(I)}{SD(I)} \tag{5-6}$$

其中，$E(I)$ 是 I 的理论均值，$SD(I)$ 为 I 的理论标准方差。若 p 值小于 0.05，则拒绝零假设 H_0（31 个省级行政区划单位的城市经济高质量发展观测值之间不存在空间自相关），若 p 值大于 0.05，则接受零假设（即 31 个省级行政区划单位的城市经济高质量发展观测值之间存在空间自相关）。

（2）局部空间自相关。

全局 Moran's Ⅰ仅能作为对总体数据进行量测的指标，可能忽略了局部之间固有的不平衡现象。因而，本书将运用 Moran 散点图以及 LISA 集聚图来研究中国城市经济高质量发展的局部自相关分析。Moran 散点图是经常被用来作为探究空间位置属性局部自相关的方法，利用（X，W_{ij}）数据坐标绘制 Moran 散点图，其中横轴表示城市经济高质量发展观测值 X，纵轴表示为城市经济高质量发展的空间滞后向量 W_{ij}。其局部 Moran's Ⅰ的统计公式为：

$$\text{Moran's I}_{\text{局部}} = \frac{n(X_i - \bar{X}) \sum_{i=1}^{n} W_{ij}(X_j - \bar{X})}{\sum_{i-1}^{n} (X_i - \bar{X})^2} \tag{5-7}$$

局部 Moran 散点图可以用来识别地区与其相邻近地区的空间关系。其中第Ⅰ、第Ⅲ象限表示区域之间存在正的空间自相关关系，分别用 H-H、L-L 表示，也经常被表述为集聚区和孤岛区，即城市经济高质量发展观测值高（低）的区域被同是高（低）城市经济高质量发展观测值的区域所包围的空间关系；第Ⅱ、第Ⅳ象限则表示区域之间存在负的空间自相关关系，分别用 L-H、H-L 表示，经常被表述为萧条区和空心区，即表示城市经济高质量发展低（高）观测值的区域被高（低）城市经济高质量发展观测值的区域所包围的空间关系。

5.1.2 指标体系构建

从城市经济高质量发展的内涵来看，高质量发展是为了更好地满足人民日益增长的真实需要①，是五大发展理念的综合统一。而为了实现这一目标，经济发展方式、结构、动力状态等均需要发生一定程度的转变，所以，城市经济高质量发展不仅注重供给质量以及发展的平衡。一方面，要综合考虑生态环境与人文工作的建设，保证全面发展；另一方面，要遵循经济发展的一般规律并转向创新驱动发展，推进经济结构高级化，以此探索文明发展道路。② 这也意味着，对于城市经济高质量发展的评价，应考虑到涉及经济发展的方方面面，需要在坚持五大发展理念为主导的前提下，充分考虑未来发展的同时充分激活当前城市经济发展活力与潜力。

为此，综合考虑当前中国城市经济发展实际，结合新时代下中国城市经济高质量发展的五大发展理念内涵，将城市经济高质量发展具体分解为“创新、协调、绿色、开放、共享”五大维度，并进一步将其分解为28个典型指标，如表5－1所示。

表5－1　城市经济高质量发展水平的评价指标体系

要素层	指标层	衡量指标	功效	权重
创新发展（0.3521）	创新投入	科技投入（万元）	+	0.0605
	科技产出	专利授权数（件）	+	0.0881
	科技人才	研发人员数（人）	+	0.0731
	创新转化	技术市场成交额（万元）	+	0.1304

① 金碚. 以创新思维推进区域经济高质量发展［J］. 区域经济评论，2018（4）：39－42.

② 任保平. 新时代中国经济增长的新变化及其转向高质量发展的路径［J］. 社会科学辑刊，2018（5）：35－43.

续表

要素层	指标层	衡量指标	功效	权重
协调发展（0.0355）	经济协调水平	人均地区生产总值（元）	+	0.0144
	城乡收入协调水平	城镇居民人均可支配收入/农村居民人均可支配收入（%）	−	0.0017
	城乡消费协调水平	城镇居民消费水平/农村居民消费水平（%）	−	0.0027
	产业协调水平	产业结构高级化指数（%）	+	0.0125
	城市发展水平	城市非农人口占比（%）	+	0.0042
绿色发展（0.1332）	绿化程度	城市绿地面积（平方公里）	+	0.0427
	垃圾清运能力	生活垃圾清运量（万吨）	+	0.0280
	工业污染治理能力	工业污染治理投资总额（万元）	+	0.0332
	废气排放量	二氧化硫排放量（万吨）	−	0.0272
	垃圾处理能力	垃圾无害化处理率（%）	+	0.0021
开放发展（0.2729）	经济开放度	进出口总额（万美元）	+	0.1046
	外资利用能力	外商实际投资总额（万美元）	+	0.0876
	外商贡献度	外商投资企业年底登记户数（户）	+	0.0807
共享发展（0.2063）	公共交通运营能力	年末公共交通运营数量（辆）	+	0.0302
	公共交通普及能力	每万人拥有公共交通车辆（辆）	+	0.0040
	燃气使用度	燃气普及率（%）	+	0.0007
	文化普及能力	公共图书馆数量（个）	+	0.0140
	医疗事业	卫生机构数（个）	+	0.0301
	城市建设程度	建成区面积（平方公里）	+	0.0271
	空间利用程度	人口密度（人/平方公里）	+	0.0102
	交通便利度	道路面积（平方公里）	+	0.0355
	消费能力	最终消费率（%）	+	0.0014
	基础设施完善程度	固定资产投资（万元）	+	0.0326
	财政调控能力	财政支出（万元）	+	0.0205

注：表中的权重根据熵值法求得。

5.1.2.1 创新发展

创新发展属于城市经济高质量发展中的重点内容，该维度下主要涵盖 4 个具体衡量指标，包括科技投入、专利授权数、研发人员数以及技术市场成交额，用来衡量城市经济发展中的创新程度，这也构成实现创新驱动的代表性指标。

5.1.2.2 协调发展

协调发展也是城市经济高质量发展中的重要体现，该维度下主要包括 5 个具体衡量指标，分别为人均地区生产总值、城镇居民人均可支配收入/农村居民人均可支配收入、城镇居民消费水平/农村居民消费水平、产业结构高级化指数（利用第三产业产值/第二产业产值得到）以及城市非农人口占比等。这些指标不仅可以较为完整地衡量出产业、收入以及城市与经济的协调性，也能够反映当前城市经济的发展现实。

5.1.2.3 绿色发展

实现城市经济的绿色发展对于城市经济高质量发展具有重要的推动作用，该维度下主要包含 5 个具体衡量指标，分别为城市绿地面积、生活垃圾清运量、工业污染治理投资总额、二氧化硫排放量以及垃圾无害化处理率。以上指标包含了利于绿色发展与不利于绿色发展的几个重要指标，主要用来度量当前城市经济高质量发展中的绿色发展水平。

5.1.2.4 开放发展

开放发展作为城市经济高质量发展的关键环节，也越来越受到各城市的高度重视，该维度下主要包括 3 个具体衡量指标，分别为进出口总额、外商实际投资总额与外商投资企业年底登记户数。作为中国的一项基本国策，对外开放为中国的经济发展做出了十分重要的贡献，如今的城市经济高质量发展也不例外，开放程度也会直接影响城市经济高质量发展水平。

5.1.2.5 共享发展

对于城市经济的共享发展，主要通过 11 个衡量指标进行测算，包括年末公共交通运营数量、每万人拥有公共交通车辆、燃气普及率、公共图书馆数量、卫生机构数、建成区面积、人口密度、道路面积、最终消费率、固定资产投资以及财政支出。以上的指标不仅包含了主要的城市经济共享水平，同时也在一定程度上可以较为准确地表现出城市经济的发展质量，在某种程度上也能够印证出城市经济高质量发展水平。

5.1.3 数据来源

本书基于城市经济高质量发展内涵以及数据的可得性与可操作性，利用各地级及以上城市的经济高质量发展相关数据，全方位测算 2008 ~ 2017 年中国 31 个省（区、市）地级及以上城市经济高质量发展水平，并深度挖掘其内在的时空演变规律及空间关联性等。这里需要说明的是，由于港澳台地区部分测度指标数据缺失较为严重，因此本书暂未将其纳入研究范围。

本书的数据主要来源于 2009 ~ 2018 年《中国城市统计年鉴》及各省（区、市）的统计年鉴、统计公报、中国城乡建设数据库等，其中，环境污染治理投资数据来源于《中国环境统计年鉴》。与此同时，考虑到指标选取的科学性、代表性以及系统性，排除主观因素的影响，通过熵值法确定测度城市经济高质量发展水平各指标的权重，从而提高了本书的信度和效度，使得本书的研究结论更加具有说服力和准确性。

5.2 城市经济高质量发展的空间差异分析

5.2.1 城市经济高质量发展的子系统分析

基于上述熵值法，可以求出 2008 ~ 2017 年中国 31 个省（区、市）地级及以上城市经济高质量发展水平及其各个子系统的综合得分。

5.2.1.1 城市经济创新发展

创新发展属于城市经济高质量发展的关键性内容，其高低直接影响着高质量发展效果的实现。2008～2017 年全国 31 个省（区、市）地级及以上城市的经济创新发展水平如表 5－2 所示。

表 5－2　　　　2008～2017 年城市经济创新发展得分

省份	2008 年	2009 年	2010 年	2011 年	2012 年	2013 年	2014 年	2015 年	2016 年	2017 年	均值
北京	0.2484	0.2977	0.3844	0.4584	0.5810	0.6011	0.6172	0.6211	0.6244	0.6297	0.5063
天津	0.0366	0.0438	0.0521	0.0750	0.1002	0.1193	0.1498	0.1856	0.1960	0.1865	0.1145
河北	0.0217	0.0281	0.0321	0.0399	0.0499	0.0554	0.0604	0.0707	0.0836	0.0871	0.0529
山西	0.0189	0.0218	0.0226	0.0261	0.0307	0.0438	0.0415	0.0370	0.0349	0.0494	0.0327
内蒙古	0.0105	0.0127	0.0170	0.0191	0.0370	0.0275	0.0232	0.0261	0.0253	0.0246	0.0223
辽宁	0.0535	0.0633	0.0710	0.0837	0.1040	0.1000	0.1058	0.1056	0.1146	0.1257	0.0927
吉林	0.0123	0.0170	0.0185	0.0203	0.0241	0.0289	0.0281	0.0303	0.0485	0.0690	0.0297
黑龙江	0.0257	0.0288	0.0336	0.0436	0.0575	0.0580	0.0582	0.0613	0.0609	0.0626	0.0490
上海	0.1178	0.1842	0.2670	0.2892	0.3911	0.4117	0.3284	0.4417	0.4133	0.4112	0.3256
江苏	0.1358	0.1848	0.1906	0.2114	0.2292	0.2356	0.2505	0.2752	0.3187	0.3325	0.2364
浙江	0.1030	0.1333	0.1751	0.2255	0.2890	0.3187	0.3216	0.3811	0.3954	0.4321	0.2775
安徽	0.0251	0.0342	0.0477	0.0772	0.1004	0.1212	0.1363	0.1539	0.1882	0.1960	0.1080
福建	0.0272	0.0335	0.0446	0.0604	0.0775	0.0885	0.0931	0.1132	0.1179	0.1299	0.0786
江西	0.0110	0.0145	0.0188	0.0245	0.0290	0.0377	0.0450	0.0610	0.0729	0.0886	0.0403
山东	0.0855	0.0997	0.1233	0.1611	0.1895	0.2120	0.2227	0.2612	0.2802	0.3085	0.1944
河南	0.0357	0.0465	0.0530	0.0693	0.0819	0.0943	0.1011	0.1131	0.1205	0.1308	0.0846
湖北	0.0368	0.0465	0.0554	0.0750	0.0976	0.1483	0.1988	0.2514	0.2870	0.3217	0.1519
湖南	0.0294	0.0336	0.0396	0.0499	0.0628	0.0736	0.0817	0.0930	0.0952	0.1215	0.0680
广东	0.2135	0.2377	0.2573	0.2682	0.2711	0.2682	0.2715	0.2784	0.2813	0.2893	0.2637
广西	0.0087	0.0105	0.0131	0.0184	0.0228	0.0280	0.0323	0.0310	0.0362	0.0397	0.0241

续表

省份	2008 年	2009 年	2010 年	2011 年	2012 年	2013 年	2014 年	2015 年	2016 年	2017 年	均值
海南	0.0022	0.0023	0.0033	0.0042	0.0048	0.0061	0.0059	0.0062	0.0069	0.0060	0.0048
重庆	0.0268	0.0256	0.0370	0.0414	0.0452	0.0596	0.0743	0.0695	0.0921	0.0786	0.0550
四川	0.0388	0.0486	0.0572	0.0601	0.0877	0.1032	0.1180	0.1504	0.1538	0.1797	0.0998
贵州	0.0069	0.0081	0.0110	0.0139	0.0179	0.0238	0.0281	0.0357	0.0345	0.0515	0.0231
云南	0.0092	0.0113	0.0130	0.0160	0.0256	0.0279	0.0307	0.0368	0.0382	0.0463	0.0255
西藏	0.0008	0.0010	0.0008	0.0009	0.0014	0.0011	0.0012	0.0015	0.0014	0.0023	0.0012
陕西	0.0247	0.0331	0.0436	0.0686	0.0977	0.1447	0.1702	0.1956	0.2248	0.2515	0.1255
甘肃	0.0121	0.0141	0.0154	0.0185	0.0249	0.0322	0.0363	0.0421	0.0462	0.0476	0.0289
青海	0.0029	0.0036	0.0040	0.0052	0.0066	0.0083	0.0093	0.0131	0.0153	0.0176	0.0086
宁夏	0.0027	0.0031	0.0033	0.0045	0.0050	0.0055	0.0066	0.0082	0.0093	0.0118	0.0060
新疆	0.0077	0.0074	0.0099	0.0116	0.0139	0.0165	0.0168	0.0202	0.0199	0.0193	0.0143
东部	0.0992	0.1245	0.1530	0.1793	0.2183	0.2317	0.2321	0.2634	0.2718	0.2813	0.2055
中部	0.0262	0.0329	0.0395	0.0537	0.0671	0.0865	0.1007	0.1182	0.1331	0.1513	0.0809
西部	0.0127	0.0149	0.0188	0.0232	0.0321	0.0399	0.0456	0.0525	0.0581	0.0642	0.0362
东北	0.0305	0.0364	0.0410	0.0492	0.0619	0.0623	0.0640	0.0657	0.0747	0.0858	0.0572
全国	0.0449	0.0558	0.0682	0.0820	0.1018	0.1129	0.1182	0.1539	0.1431	0.1532	0.1034

注：表中“均值”数据统计结果四舍五入后，保留四位小数。表 5 - 3 至表 5 - 7 同。

从城市经济创新发展的时间演化来看，2008 ~ 2017 年中国的城市经济创新发展水平呈现稳步提升的趋势，由 2008 年的 0.0449 上升到 2017 年的 0.1034；但在 2015 年时出现了轻微的下降，这主要是由于当时中国的经济正经历着结构性调整，创新性的障碍没有消除，其城市经济创新发展必须会受到一定的影响，引发该现象的出现。就四大经济板块而言，2008 ~ 2017 年间，城市经济创新发展水平整体均呈现上升的态势（如图 5 - 1 所示）。其中，东部地区发展水平最高，东北地区明显偏低。但就总体而言，当前中国的城市经济创新发展趋势良好，也意味着未来创新发展一定会发挥其自身的核心作用，推动实现城市经济的高质量发展。

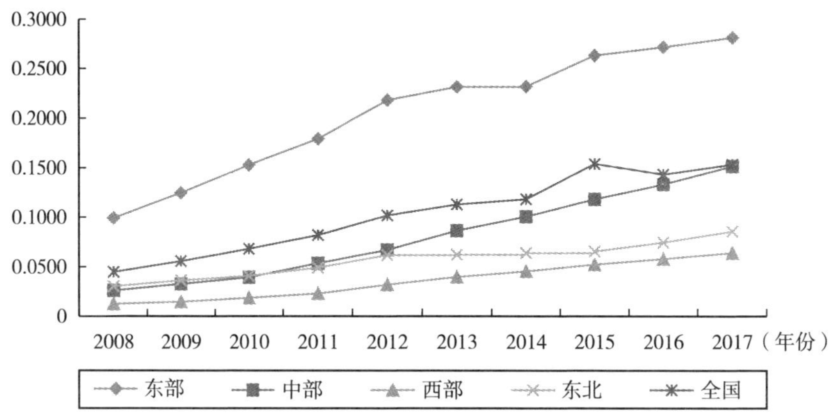

图 5-1　2008~2017 年城市经济创新发展的演变趋势

从城市经济创新发展的空间格局来看：高水平的创新发展多集中于东部地区；中部地区的创新发展多处于正常水平，但发展态势良好；创新发展水平较低的地区主要集中于西部地区以及东北地区，这主要因为受制于当地的环境以及经济发展水平，无法促进科技成果的有效转化，所以对于城市经济高质量发展的拉动作用并不明显。依据具体的空间分布格局可以看出，城市经济创新发展水平得分最高的五个地区分别为北京（0.5063）、上海（0.3256）、浙江（0.2775）、广东（0.2637）和江苏（0.2365），且均隶属于东部地区，主要在于该类地区作为国家的发达地区，研发经费投入、人均专利占有量和技术市场成交额均在全国处于遥遥领先的地位，投入要素能够较好地转换为产出水平，科技创新水平不断提升，在城市经济高质量发展中也扮演着较为关键的角色。与之相对应的是创新发展水平得分最低的三个地区分别为西藏（0.0012）、海南（0.0048）和宁夏（0.0060）。主要在于海南作为以旅游业为支柱产业的发展模式，其创新投入并不高，在地区生产总值中所占比例明显偏小，且缺乏较为优秀的科研机构、研发组织等平台支撑，对城市经济高质量发展产生的作用相对较小；而西藏和宁夏本身经济发展水平较低，地理因素的限制又比较大，外加科技创新水平的制约，导致这两个地区难以实现创新的集中发展，也引发了该地区城市经济创新发展的落后。总的来看，中国城市经济的创新发展水平存在明显的地域差异性，且呈现东部地区遥遥领先、中部地区快速追赶，而东北地区和西部地区相对落后的发展格局。

5.2.1.2 城市经济协调发展

协调发展作为城市经济高质量发展内涵的重要体现，对其高质量目标的实现起着关键性作用。2008～2017 年全国 31 个省（区、市）地级及以上城市的经济协调发展水平如表 5－3 所示。

表 5－3　　2008～2017 年城市经济协调发展得分

省份	2008 年	2009 年	2010 年	2011 年	2012 年	2013 年	2014 年	2015 年	2016 年	2017 年	均值
北京	0.0184	0.0206	0.0207	0.0221	0.0230	0.0237	0.0255	0.0263	0.0277	0.0298	0.0238
天津	0.0087	0.0103	0.0115	0.0130	0.0141	0.0150	0.0159	0.0166	0.0182	0.0190	0.0142
河北	0.0042	0.0045	0.0049	0.0056	0.0061	0.0065	0.0069	0.0074	0.0079	0.0085	0.0063
山西	0.0037	0.0045	0.0048	0.0053	0.0060	0.0065	0.0071	0.0087	0.0093	0.0091	0.0065
内蒙古	0.0052	0.0064	0.0069	0.0081	0.0089	0.0096	0.0105	0.0106	0.0113	0.0117	0.0089
辽宁	0.0055	0.0064	0.0070	0.0080	0.0088	0.0096	0.0104	0.0111	0.0107	0.0111	0.0089
吉林	0.0053	0.0055	0.0058	0.0065	0.0070	0.0076	0.0080	0.0085	0.0093	0.0097	0.0073
黑龙江	0.0047	0.0055	0.0056	0.0063	0.0074	0.0080	0.0090	0.0104	0.0118	0.0131	0.0082
上海	0.0068	0.0076	0.0088	0.0055	0.0073	0.0093	0.0072	0.0073	0.0074	0.0047	0.0072
江苏	0.0130	0.0149	0.0140	0.0150	0.0159	0.0169	0.0184	0.0200	0.0221	0.0229	0.0173
浙江	0.0074	0.0079	0.0088	0.0098	0.0105	0.0113	0.0120	0.0129	0.0139	0.0151	0.0110
安徽	0.0039	0.0039	0.0041	0.0045	0.0049	0.0053	0.0059	0.0066	0.0073	0.0080	0.0054
福建	0.0059	0.0065	0.0071	0.0079	0.0086	0.0092	0.0099	0.0107	0.0116	0.0128	0.0090
江西	0.0037	0.0039	0.0041	0.0049	0.0053	0.0058	0.0063	0.0069	0.0078	0.0082	0.0057
山东	0.0052	0.0057	0.0065	0.0075	0.0082	0.0090	0.0099	0.0106	0.0113	0.0120	0.0086
河南	0.0031	0.0033	0.0037	0.0044	0.0049	0.0054	0.0064	0.0071	0.0077	0.0083	0.0054
湖北	0.0051	0.0052	0.0056	0.0062	0.0067	0.0074	0.0084	0.0090	0.0097	0.0106	0.0074
湖南	0.0045	0.0052	0.0053	0.0057	0.0063	0.0069	0.0075	0.0082	0.0090	0.0098	0.0068
广东	0.0027	0.0074	0.0078	0.0087	0.0093	0.0100	0.0110	0.0117	0.0127	0.0137	0.0095
广西	0.0039	0.0039	0.0039	0.0045	0.0050	0.0055	0.0061	0.0066	0.0070	0.0080	0.0054

续表

省份	2008 年	2009 年	2010 年	2011 年	2012 年	2013 年	2014 年	2015 年	2016 年	2017 年	均值
海南	0.0066	0.0081	0.0085	0.0090	0.0096	0.0104	0.0122	0.0129	0.0141	0.0149	0.0106
重庆	0.0044	0.0043	0.0046	0.0055	0.0065	0.0074	0.0088	0.0095	0.0103	0.0110	0.0072
四川	0.0037	0.0041	0.0043	0.0047	0.0053	0.0058	0.0066	0.0076	0.0087	0.0097	0.0061
贵州	0.0030	0.0044	0.0046	0.0055	0.0057	0.0060	0.0062	0.0070	0.0074	0.0079	0.0058
云南	0.0036	0.0038	0.0040	0.0049	0.0052	0.0057	0.0063	0.0069	0.0075	0.0081	0.0056
西藏	0.0073	0.0069	0.0068	0.0066	0.0070	0.0072	0.0076	0.0080	0.0082	0.0083	0.0074
陕西	0.0031	0.0041	0.0045	0.0052	0.0058	0.0065	0.0072	0.0079	0.0085	0.0092	0.0062
甘肃	0.0031	0.0034	0.0034	0.0042	0.0047	0.0053	0.0060	0.0072	0.0079	0.0085	0.0054
青海	0.0033	0.0039	0.0042	0.0047	0.0053	0.0058	0.0066	0.0073	0.0078	0.0086	0.0058
宁夏	0.0036	0.0047	0.0053	0.0059	0.0066	0.0072	0.0077	0.0081	0.0086	0.0093	0.0067
新疆	0.0038	0.0044	0.0045	0.0052	0.0059	0.0067	0.0076	0.0083	0.0086	0.0089	0.0064
东部	0.0079	0.0094	0.0099	0.0104	0.0113	0.0121	0.0129	0.0136	0.0147	0.0153	0.0118
中部	0.0040	0.0043	0.0046	0.0052	0.0057	0.0062	0.0069	0.0078	0.0085	0.0090	0.0062
西部	0.0040	0.0045	0.0048	0.0054	0.0060	0.0066	0.0073	0.0079	0.0085	0.0091	0.0064
东北	0.0052	0.0058	0.0061	0.0069	0.0077	0.0084	0.0091	0.0100	0.0106	0.0113	0.0081
全国	0.0054	0.0062	0.0065	0.0071	0.0078	0.0085	0.0092	0.0066	0.0107	0.0113	0.0079

从城市经济协调发展的时间演化来看，2008～2017 年间，中国当前的协调发展水平整体呈现稳步提升的运行趋势；但就得分而言，协调发展水平较低，仍具有较大的提升空间，未来依然要坚持协调这一发展战略，关注经济增长的同时也实现其他各方面的提升。需要注意的是，2014 年时协调发展水平出现了短暂的下降，这主要与当时国家的经济调整以及统计数据的挤水分密切相关，使得协调发展水平出现了一定的下降。就四大经济板块来看，十年间，东部、中部、西部和东北地区的协调发展水平均表现为上升趋势（如图 5－2 所示）。其中，东部地区表现最为突出，由 2008 年的 0.0079 快速提升到 2017 年的 0.0153，彰显出协调发展的强劲优势；而中部、西部地区表现较为乏力，这也为中部、西部地区指明了努力的方向，加快实现城市经济的协调发展成为城市经济高质量发展的重要环节。

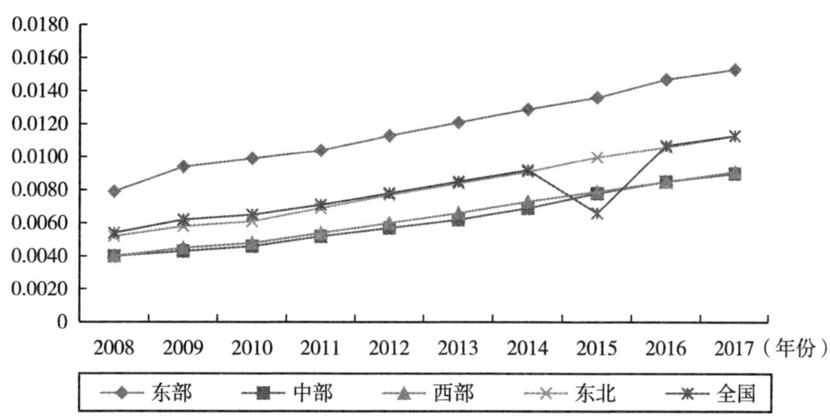

图 5-2　2008～2017 年城市经济协调发展的演变趋势

从城市经济协调发展的空间格局来看，可以发现，协调发展水平较高的地区主要分布于东部地区，但其数值也明显偏小，意味着虽然东部地区的经济较为发达，但内在协调情况不容乐观，各地区之间并没有实现协调发展的空间格局。协调发展水平较低的地区多处于中部地区，表明中部崛起战略的实施虽然实现了该地区的快速发展，但同时也拉大了城市之间发展的差距，导致协调发展水平反而较低，如以武汉为核心的武汉城市圈和以长沙为核心的长株潭城市圈，其经济发展水平在中部地区处于领先的地位，与周边区域差距较大，形成鲜明的对比，协调度自然也就会受到影响。相应地，西部地区以及东北地区的协调发展水平也不高，主要在于该类地区主要受制于经济发展水平滞后的影响，其发展的重点依然是实现经济增长，对一些其他的要素关注度并不高，导致协调发展水平并没有追赶上东部地区。依据具体的空间分布格局可以看出，城市经济协调发展得分最高的是北京（0.0238），而得分最低的为甘肃（0.0054）①，前者比后者高出 0.0184，表现出明显的区域差异，且呈现出较为显著的两极分化。协调发展得分高于 0.0150 的仅有 2 个省（市），分别为北京（0.0238）和江苏（0.0173），而处于 0.0050 以下的省（区、市）有 26 个，表明当前中国城市经济协调发展的整体水平不高，区域

① 数据统计结果四舍五入后，保留四位小数，因此甘肃（0.00537）、河南（0.00543）、安徽（0.00544）、广西（0.00544）均取值为 0.0054。

协调能力亟待增强。区域差异的扩大也要求在未来的城市经济高质量发展中，仍需将协调发展作为当前的工作重点，并采取科学有效的政策措施，切实缩小地区之间的发展差距，实现多维度的协调化发展，进而完成中国城市经济高质量发展的目标，依旧是政府需要着力关注的问题。

5.2.1.3 城市经济绿色发展

在生态文明理念持续发酵且不断深入人心的当下，提升城市经济绿色发展水平对于城市经济高质量发展效果的实现发挥着助推优势。2008～2017 年全国 31 个省（区、市）地级及以上城市经济绿色发展水平如表 5－4 所示。

表 5－4　　2008～2017 年城市经济绿色发展得分

省份	2008 年	2009 年	2010 年	2011 年	2012 年	2013 年	2014 年	2015 年	2016 年	2017 年	均值
北京	0.0226	0.0227	0.0217	0.0216	0.0235	0.0244	0.0266	0.0289	0.0311	0.0355	0.0259
天津	0.0128	0.0141	0.0136	0.0135	0.0120	0.0138	0.0188	0.0212	0.0162	0.0175	0.0154
河北	0.0139	0.0119	0.0110	0.0166	0.0176	0.0352	0.0598	0.0413	0.0309	0.0393	0.0278
山西	0.0005	0.0001	－0.0006	－0.0019	－0.0004	0.0063	0.0083	0.0139	0.0138	0.0161	0.0056
内蒙古	0.0031	0.0021	0.0006	0.0114	0.0065	0.0324	0.0429	0.0254	0.0329	0.0356	0.0193
辽宁	0.0229	0.0249	0.0245	0.0224	0.0285	0.0386	0.0453	0.0351	0.0406	0.0387	0.0322
吉林	0.0151	0.0143	0.0137	0.0131	0.0130	0.0152	0.0209	0.0189	0.0207	0.0201	0.0165
黑龙江	0.0233	0.0250	0.0211	0.0244	0.0198	0.0283	0.0266	0.0275	0.0285	0.0232	0.0248
上海	0.0577	0.0550	0.0536	0.0542	0.0533	0.0644	0.0517	0.0729	0.0092	0.0082	0.0480
江苏	0.0172	0.0315	0.0343	0.0339	0.0379	0.0347	0.0408	0.0434	0.0634	0.0631	0.0400
浙江	0.0241	0.0302	0.0276	0.0368	0.0472	0.0669	0.0755	0.0734	0.0827	0.0714	0.0536
安徽	0.0166	0.0181	0.0161	0.0191	0.0221	0.0402	0.0276	0.0291	0.0474	0.0408	0.0277
福建	0.0170	0.0160	0.0192	0.0196	0.0271	0.0373	0.0409	0.0434	0.0339	0.0326	0.0287
江西	0.0051	0.0062	0.0086	0.0092	0.0086	0.0161	0.0144	0.0169	0.0195	0.0226	0.0127
山东	0.0400	0.0328	0.0407	0.0292	0.0407	0.0470	0.0522	0.0594	0.0639	0.0824	0.0488
河南	0.0169	0.0123	0.0118	0.0176	0.0176	0.0358	0.0447	0.0340	0.0648	0.0601	0.0316
湖北	0.0205	0.0284	0.0294	0.0192	0.0241	0.0316	0.0331	0.0298	0.0471	0.0379	0.0301

续表

省份	2008年	2009年	2010年	2011年	2012年	2013年	2014年	2015年	2016年	2017年	均值
湖南	0.0130	0.0126	0.0135	0.0139	0.0204	0.0247	0.0219	0.0284	0.0252	0.0272	0.0201
广东	0.0083	0.0137	0.0185	0.0287	0.0355	0.0392	0.0414	0.0488	0.0526	0.0641	0.0351
广西	0.0101	0.0090	0.0080	0.0140	0.0149	0.0222	0.0230	0.0302	0.0273	0.0257	0.0184
海南	0.0106	0.0107	0.0108	0.0127	0.0141	0.0071	0.0087	0.0064	0.0074	0.0089	0.0097
重庆	0.0039	0.0037	0.0059	0.0077	0.0088	0.0118	0.0120	0.0143	0.0175	0.0203	0.0106
四川	0.0147	0.0114	0.0121	0.0221	0.0209	0.0280	0.0301	0.0262	0.0328	0.0377	0.0236
贵州	-0.0032	-0.0026	-0.0032	0.0016	0.0028	0.0081	0.0091	0.0057	0.0069	0.0077	0.0033
云南	0.0073	0.0076	0.0091	0.0093	0.0138	0.0167	0.0182	0.0180	0.0153	0.0134	0.0129
西藏	0.0013	0.0014	0.0013	0.0015	0.0017	0.0024	0.0026	0.0024	0.0027	0.0026	0.0020
陕西	0.0031	0.0110	0.0201	0.0134	0.0170	0.0268	0.0240	0.0251	0.0267	0.0254	0.0193
甘肃	0.0067	0.0071	0.0081	0.0049	0.0121	0.0111	0.0106	0.0031	0.0120	0.0104	0.0086
青海	0.0010	0.0024	0.0011	0.0022	0.0017	0.0023	0.0051	0.0039	0.0073	0.0028	0.0030
宁夏	0.0049	0.0021	0.0034	0.0022	0.0043	0.0106	0.0175	0.0082	0.0180	0.0096	0.0081
新疆	0.0080	0.0117	0.0077	0.0093	0.0084	0.0169	0.0230	0.0157	0.0200	0.0209	0.0142
东部	0.0230	0.0245	0.0254	0.0269	0.0305	0.0357	0.0402	0.0425	0.0389	0.0426	0.0330
中部	0.0121	0.0130	0.0131	0.0129	0.0154	0.0258	0.0250	0.0254	0.0363	0.0341	0.0213
西部	0.0051	0.0056	0.0062	0.0083	0.0094	0.0158	0.0182	0.0149	0.0183	0.0177	0.0119
东北	0.0204	0.0214	0.0198	0.0200	0.0204	0.0274	0.0309	0.0272	0.0299	0.0273	0.0245
全国	0.0135	0.0144	0.0149	0.0162	0.0186	0.0257	0.0283	0.0291	0.0296	0.0297	0.0220

从城市经济绿色发展的时间演化来看，2008~2017年间，全国城市经济绿色发展水平整体呈现平滑式的上升趋势，由2008年的0.0135上升到2017年的0.0297，但仍处于较低水平的发展阶段，除了与城市经济增长方式相关外，还与生态文明的建设理念存在紧密联系。其中，2012~2013年间，绿色发展水平实现了快速提升，由0.0186上升到0.0257，这是由于中共十八大将生态文明建设理念推向了新的高度，各地区不断贯彻落实生态文明建设理念，加强生态文明建设，致使绿色发展水平有了新的飞跃。从四大经济板块来看，十年间，绿色发展水平也呈现出波浪式上升的态势（如图5-3所示）。伴随

着生态文明理念的深入，各城市不断强化生态文明建设，加大生态环境治理力度，使得城市经济的绿色发展水平不断提高，为城市经济高质量发展贡献了力量。

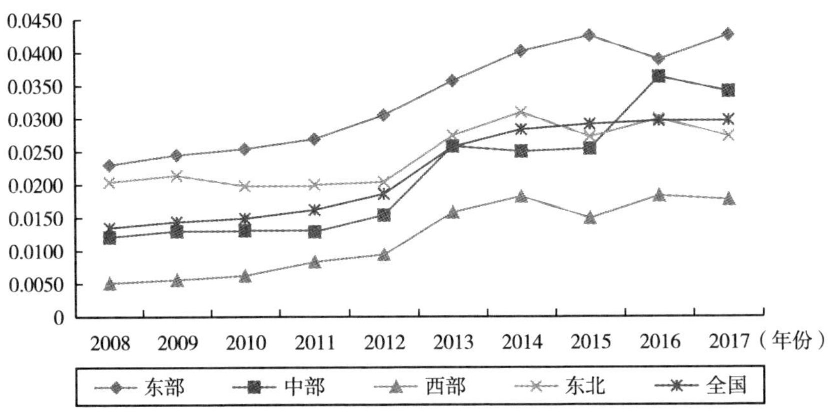

图 5－3　2008～2017 年城市经济绿色发展的演变趋势

从城市经济绿色发展的空间格局来看，当前中国的城市经济绿色发展水平主要集中分布于0.0056～0.0351之间，发展水平较为稳健。协调发展水平较高的地区仍分布于山东、江苏、浙江等东部地区；发展水平较低的地区多集中于西藏等中、西部地区，总体来看，与区域经济发展基本类似，呈现“东高西低”的梯度空间分布格局。具体而言，绿色发展水平得分较高的地区为浙江（0.0536）、山东（0.0488）以及上海（0.0480），而得分最低的两个地区分别为西藏（0.0020）和青海（0.0030）以及贵州（0.0033），地区发展差距较大，表明生态文明建设水平的地区差异较为明显。直观的感觉应是，作为中国生态屏障的西部地区，其绿色发展水平理应较高，然而测度结果并没有与我们的直观认识相吻合，这主要由两方面的原因使然。一是部分地区在城市的绿化程度、垃圾清运能力及工业污染治理能力等方面表现明显偏弱，特别是青海和西藏等地区，城市垃圾清运能力与上海、浙江等地存在较大差距，虽然青海和西藏等地所产生的城市垃圾规模较小，但清运和治理能力较弱，致使城市经济绿色发展水平总体偏低；二是伴随着传统经济增长方式的持续推进，西部地区的生态环境遭到严重破坏，然而生态环境治理能力和修改能力却偏低，也会引致绿色发展水平不足。而东部地区在本身经济发展水平较高的情况下，有充分的经济能力来保证生态环境治理水平，提升环境保护力度，故此绿色发展速度较快，得分较高。因此，在生态文明建设理念不断深入人心的现实下，强化生态环境建设力度，加大城市经济绿色发展水平对于未来城市经济高质量发展具有重大作用。

5.2.1.4 城市经济开放发展

实现全面开放的城市经济模式，提升经济开放度，有助于实现城市经济高质量发展。2008～2017 年全国 31 个省（区、市）地级及以上城市的经济开放发展水平如表 5－5 所示。

表 5－5　　2008～2017 年城市经济开放发展得分

省份	2008 年	2009 年	2010 年	2011 年	2012 年	2013 年	2014 年	2015 年	2016 年	2017 年	均值
北京	0.1426	0.1291	0.1605	0.1914	0.2019	0.2088	0.2117	0.2247	0.2289	0.2295	0.1929
天津	0.0712	0.0633	0.0727	0.0783	0.0823	0.0879	0.0936	0.0980	0.1062	0.1179	0.0871
河北	0.0377	0.0341	0.0386	0.0420	0.0394	0.0410	0.0442	0.0446	0.0465	0.0512	0.0419
山西	0.0123	0.0135	0.0155	0.0186	0.0183	0.0189	0.0202	0.0203	0.0213	0.0228	0.0182
内蒙古	0.0119	0.0141	0.0145	0.0158	0.0148	0.0141	0.0158	0.0172	0.0190	0.0210	0.0158
辽宁	0.0898	0.0844	0.0907	0.0992	0.1059	0.1072	0.1104	0.1081	0.1055	0.1335	0.1035
吉林	0.0153	0.0153	0.0177	0.0195	0.0204	0.0227	0.0233	0.0216	0.0206	0.0217	0.0198
黑龙江	0.0209	0.0194	0.0223	0.0258	0.0251	0.0254	0.0259	0.0187	0.0189	0.0213	0.0224
上海	0.3011	0.2926	0.3476	0.3217	0.2784	0.2833	0.3173	0.2144	0.2873	0.3172	0.2961
江苏	0.2543	0.2459	0.2861	0.3211	0.3337	0.3507	0.3832	0.4194	0.4400	0.4756	0.3510
浙江	0.1494	0.1434	0.1682	0.1900	0.1952	0.2093	0.2209	0.2284	0.2349	0.2650	0.2005
安徽	0.0216	0.0209	0.0241	0.0265	0.0288	0.0310	0.0341	0.0481	0.0387	0.0470	0.0321
福建	0.0930	0.0924	0.1025	0.1160	0.1212	0.1280	0.1357	0.1414	0.1492	0.1614	0.1241
江西	0.0235	0.0244	0.0300	0.0330	0.0354	0.0364	0.0407	0.0420	0.0422	0.0428	0.0350
山东	0.1265	0.1208	0.1366	0.1539	0.1549	0.1652	0.1741	0.1703	0.1784	0.2010	0.1582
河南	0.0315	0.0308	0.0321	0.0378	0.0439	0.0463	0.0506	0.0525	0.0545	0.0613	0.0441

续表

省份	2008 年	2009 年	2010 年	2011 年	2012 年	2013 年	2014 年	2015 年	2016 年	2017 年	均值
湖北	0.0273	0.0266	0.0308	0.0352	0.0372	0.0396	0.0453	0.0496	0.0507	0.0600	0.0402
湖南	0.0189	0.0187	0.0214	0.0230	0.0241	0.0257	0.0294	0.0312	0.0331	0.0628	0.0288
广东	0.2138	0.2377	0.2533	0.2589	0.2732	0.2852	0.2899	0.2917	0.3144	0.3257	0.2744
广西	0.0175	0.0183	0.0211	0.0221	0.0226	0.0238	0.0277	0.0325	0.0322	0.0387	0.0257
海南	0.0328	0.0307	0.0159	0.0141	0.0160	0.0162	0.0166	0.0169	0.0260	0.0253	0.0211
重庆	0.0160	0.0166	0.0203	0.0262	0.0362	0.0436	0.0531	0.0493	0.0490	0.0520	0.0362
四川	0.0329	0.0381	0.0435	0.0451	0.0485	0.0521	0.0581	0.0545	0.0549	0.0667	0.0494
贵州	0.0056	0.0049	0.0053	0.0063	0.0067	0.0077	0.0095	0.0108	0.0099	0.0127	0.0079
云南	0.0133	0.0129	0.0149	0.0164	0.0184	0.0206	0.0218	0.0218	0.0208	0.0234	0.0184
西藏	0.0006	0.0007	0.0008	0.0011	0.0016	0.0017	0.0014	0.0011	0.0012	0.0014	0.0012
陕西	0.0132	0.0152	0.0172	0.0191	0.0221	0.0258	0.0305	0.0317	0.0325	0.0406	0.0248
甘肃	0.0064	0.0059	0.0074	0.0079	0.0082	0.0084	0.0081	0.0079	0.0074	0.0099	0.0078
青海	0.0018	0.0017	0.0017	0.0018	0.0016	0.0018	0.0019	0.0030	0.0030	0.0028	0.0021
宁夏	0.0022	0.0021	0.0024	0.0027	0.0022	0.0026	0.0038	0.0042	0.0042	0.0100	0.0036
新疆	0.0101	0.0081	0.0093	0.0102	0.0113	0.0119	0.0123	0.0102	0.0101	0.0122	0.0106
东部	0.1472	0.1427	0.1640	0.1763	0.1777	0.1856	0.1963	0.1933	0.2092	0.2238	0.1816
中部	0.0225	0.0225	0.0257	0.0290	0.0313	0.0330	0.0367	0.0406	0.0401	0.0495	0.0331
西部	0.0110	0.0116	0.0132	0.0146	0.0162	0.0178	0.0203	0.0204	0.0204	0.0243	0.0170
东北	0.0420	0.0397	0.0436	0.0482	0.0505	0.0518	0.0532	0.0495	0.0483	0.0588	0.0486
全国	0.0585	0.0575	0.0653	0.0703	0.0719	0.0756	0.0810	0.0481	0.0852	0.0946	0.0708

从城市经济开放发展的时间演化来看，2008～2017 年间，开放发展水平总体呈现缓慢上升的趋势，由 2008 年的 0.0585 上升到 2017 年的 0.0946，虽有一定程度的增加，但变动幅度不大。由图 5－4 可以得知，2014 年城市经济开放发展水平出现了明显的下降，主要在于世界经济增长的放缓以及国际需求不足所致，尽管中国已经巩固了进出口大国的地位，但国际形势的变化仍然严重影响了中国的进出口规模，导致开放型水平受到较大冲击。十年间，四大经济板块虽也呈现上升的态势，但与全国的平均水平总体保持一致，提

升幅度较小，尤其是中、西部地区表现明显。对于这类地区来说，提升城市经济的开放度成为未来城市经济高质量发展中的重点任务。而东部地区遥遥领先于其他三类地区，这与东部地区的城市经济结构和区位优势有着紧密关系。

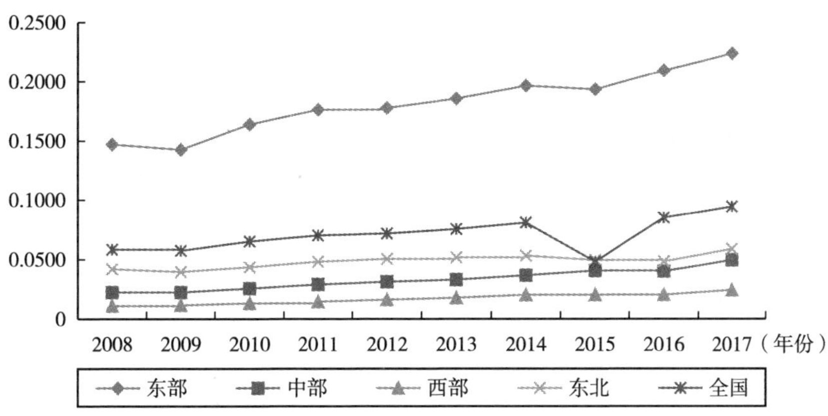

图 5-4　2008~2017 年城市经济开放发展的演变趋势

从城市经济开放发展的空间格局来看，相对于其他三类地区而言，东部地区的开放发展水平得分较高，这是由于中国对外开放较为完善的地区和城市多集中于东部地区，该类地区和城市位置优越，濒临海域，具有相对较大的港口，为城市对外贸易的开展提供了便利条件；而且东部地区大多属于外向型的经济结构，具有较强的出口创汇能力，能在较大规模上利用外资，引进并吸收、消化国外先进技术和经营管理方法，在较大的范围内参加国际劳务合作，高效推动了东部地区城市经济的快速发展。西部地区与东北地区相对较差，主要在于这两类地区的地理因素以及经济要素的限制，引发对外开放水平也比较滞后。另外，西部地区外向型的经济结构还没有完全建立以来，还不能充分利用国际市场，也无法积极参与国际分工和国际竞争，虽然部分城市参与了“一带一路”的建设，然而时间较短，成效不足。东北地区僵化的体制机制也限制了城市经济开放度的提升。依据具体的空间分布格局可以看出，城市经济开放发展水平得分最高的三个地区分别为江苏（0.3510）、上海（0.2961）和广东（0.2744），而得分最低的两个地区分别为西藏

（0.0012）和青海（0.0021）。然而，综合来看，中国当前城市经济开放发展水平仍旧偏低，虽表现出对城市经济高质量发展的促进作用，但由于发展力度不足，发展效果较差，尤其是对于西部的一些地区，受到地理因素、交通条件及经济结构等因素的限制，难以转变当前的发展困境，也会对城市经济高质量发展产生制约。因此，如何全方位提升城市经济外向度，改变城市经济结构，实现城市经济开放发展水平的提升成为未来城市经济高质量发展所需要关注的主要内容。

5.2.1.5 城市经济共享发展

实现城市经济的共享发展作为城市经济高质量发展的内涵表现，也成为城市经济运行中必须关注的重要目标。2008～2017年全国31个省（区、市）地级及以上城市经济共享发展水平如表5－6所示。

表5－6　2008～2017年城市经济共享发展得分

省份	2008年	2009年	2010年	2011年	2012年	2013年	2014年	2015年	2016年	2017年	均值
北京	0.0430	0.0461	0.0460	0.0483	0.0533	0.0537	0.0563	0.0589	0.0597	0.0611	0.0526
天津	0.0267	0.0283	0.0299	0.0327	0.0359	0.0394	0.0433	0.0465	0.0504	0.0483	0.0381
河北	0.0586	0.0849	0.0911	0.0949	0.0999	0.1048	0.1078	0.1154	0.1215	0.1277	0.1007
山西	0.0328	0.0457	0.0482	0.0513	0.0548	0.0596	0.0617	0.0641	0.0664	0.0610	0.0546
内蒙古	0.0311	0.0403	0.0436	0.0466	0.0505	0.0555	0.0595	0.0588	0.0622	0.0616	0.0510
辽宁	0.0629	0.0733	0.0797	0.0840	0.0901	0.0955	0.0960	0.0909	0.0841	0.0860	0.0843
吉林	0.0347	0.0406	0.0442	0.0461	0.0499	0.0523	0.0550	0.0575	0.0579	0.0576	0.0496
黑龙江	0.0446	0.0517	0.0563	0.0594	0.0624	0.0663	0.0656	0.0681	0.0697	0.0720	0.0616
上海	0.0927	0.1076	0.1154	0.1265	0.0983	0.0782	0.1578	0.1377	0.1770	0.1855	0.1277
江苏	0.0393	0.0409	0.0437	0.0446	0.0457	0.0472	0.0480	0.0512	0.0532	0.0614	0.0475
浙江	0.0663	0.0748	0.0785	0.0832	0.0886	0.0957	0.1020	0.1111	0.1180	0.1229	0.0941
安徽	0.0429	0.0525	0.0567	0.0624	0.0687	0.0753	0.0810	0.0862	0.0909	0.0961	0.0713
福建	0.0333	0.0439	0.0474	0.0517	0.0563	0.0607	0.0648	0.0709	0.0749	0.0818	0.0586
江西	0.0349	0.0465	0.0503	0.0553	0.0593	0.0623	0.0655	0.0702	0.0737	0.0792	0.0597
山东	0.1015	0.1214	0.1328	0.1445	0.1550	0.1682	0.1769	0.1903	0.2028	0.2109	0.1604

续表

省份	2008 年	2009 年	2010 年	2011 年	2012 年	2013 年	2014 年	2015 年	2016 年	2017 年	均值
河南	0.0641	0.0890	0.0941	0.0996	0.1039	0.1112	0.1181	0.1266	0.1333	0.1418	0.1082
湖北	0.0532	0.0639	0.0682	0.0738	0.0793	0.0855	0.0916	0.0988	0.1042	0.1103	0.0829
湖南	0.0465	0.0637	0.0687	0.0743	0.0787	0.0852	0.0902	0.0969	0.1029	0.1092	0.0816
广东	0.1103	0.1174	0.1205	0.1273	0.1317	0.1388	0.1426	0.1502	0.1572	0.1613	0.1357
广西	0.0316	0.0422	0.0456	0.0492	0.0526	0.0557	0.0590	0.0636	0.0680	0.0726	0.0540
海南	0.0114	0.0127	0.0138	0.0156	0.0163	0.0171	0.0180	0.0190	0.0198	0.0207	0.0164
重庆	0.0275	0.0320	0.0359	0.0400	0.0430	0.0478	0.0516	0.0565	0.0596	0.0621	0.0456
四川	0.0569	0.0810	0.0861	0.0924	0.1007	0.1103	0.1165	0.1188	0.1283	0.1376	0.1029
贵州	0.0225	0.0301	0.0317	0.0349	0.0379	0.0426	0.0444	0.0477	0.0509	0.0547	0.0397
云南	0.0339	0.0396	0.0433	0.0467	0.0507	0.0524	0.0580	0.0604	0.0655	0.0673	0.0518
西藏	0.0069	0.0084	0.0084	0.0077	0.0130	0.0135	0.0144	0.0158	0.0173	0.0160	0.0121
陕西	0.0380	0.0495	0.0533	0.0577	0.0612	0.0658	0.0689	0.0701	0.0733	0.0783	0.0616
甘肃	0.0263	0.0329	0.0351	0.0375	0.0401	0.0421	0.0445	0.0470	0.0487	0.0471	0.0401
青海	0.0114	0.0136	0.0145	0.0156	0.0166	0.0175	0.0179	0.0188	0.0194	0.0202	0.0166
宁夏	0.0104	0.0122	0.0134	0.0148	0.0163	0.0175	0.0191	0.0200	0.0204	0.0209	0.0165
新疆	0.0324	0.0362	0.0385	0.0418	0.0448	0.0488	0.0520	0.0531	0.0535	0.0564	0.0458
东部	0.0583	0.0678	0.0719	0.0769	0.0781	0.0804	0.0918	0.0951	0.1035	0.1082	0.0832
中部	0.0457	0.0602	0.0644	0.0695	0.0741	0.0799	0.0847	0.0905	0.0952	0.0996	0.0764
西部	0.0274	0.0348	0.0375	0.0404	0.0440	0.0475	0.0505	0.0526	0.0556	0.0579	0.0448
东北	0.0474	0.0552	0.0601	0.0632	0.0675	0.0714	0.0722	0.0722	0.0706	0.0719	0.0652
全国	0.0429	0.0523	0.0560	0.0600	0.0631	0.0667	0.0725	0.0862	0.0801	0.0835	0.0663

从城市经济共享发展的时间演化来看，2008～2017 年间，共享发展水平总体呈现出上升的态势，由 2008 年的 0.0429 上升到 2017 年的 0.0835，年均增幅为 9.46%。随着惠民工作的开展以及地区财政分布的逐步合理化，城市公共服务以及基础设施的建设使得城市宜居程度获得了明显的提升，从而实现了城市经济共享发展水平的上升；其中，2015～2016 年间出现了小幅度的下滑，主要是受制于 2015 年经济结构的调整，共享发展也受到了一定的影

响，导致出现发展水平的下降，但经过一年的调整实现了稳定的上涨。十年间，四大经济板块的城市经济共享发展水平均呈现上升的趋势（如图5－5所示）。其上升趋势最为迅猛的是中部地区，由2008年的0.0457上升到2017年的0.0996，年均增幅11.79%，明显高于全国增幅水平，展现出共享发展的强劲状态。

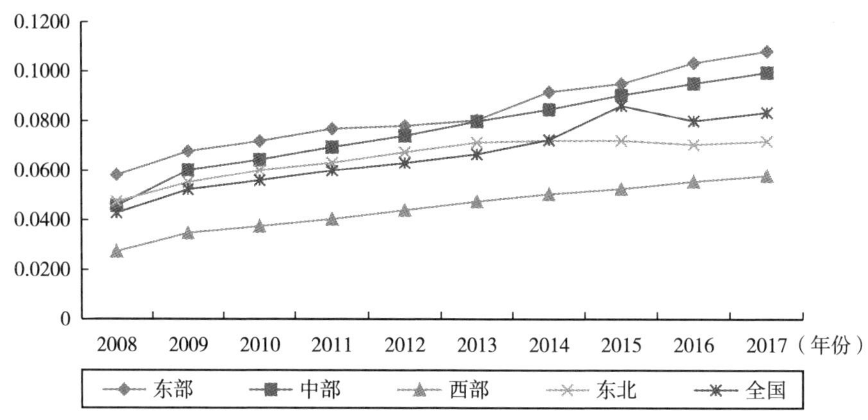

图5－5　2008～2017年城市经济共享发展的演变趋势

从城市经济共享发展的空间格局来看，发展水平较高的地区多集中于东部与中部的部分地区，水平较低的地区多集中于西部以及东北地区。具体而言，城市经济共享发展水平得分最高的三个地区分别为山东（0.1604）、广东（0.1357）和上海（0.1277），而该子系统超过0.1000的仅有6个地区；而得分最低的两个地区分别为西藏（0.0121）和海南（0.0164），地区差异十分明显。这本身也与城市基本公共服务水平存在紧密的联系，东部地区的城市公共服务设施较好，能够为共享发展提供支撑。从整体来看，当前中国城市经济共享发展水平整体偏低，如何进一步落实共享发展理念，并推进共享发展理念的落实，进而实现城市经济高质量发展，是接下来要考虑的重点问题，也是惠民工作的核心任务。

5.2.2 城市经济高质量发展的总体性分析

基于以上五个子系统的综合得分，根据所占权重系数，可以得出 2008～2017 年全国 31 个省（区、市）地级及以上城市经济高质量发展水平的综合得分，具体如表 5－7 所示。

表 5－7　　2008～2017 年城市经济高质量发展水平综合得分

省份	2008 年	2009 年	2010 年	2011 年	2012 年	2013 年	2014 年	2015 年	2016 年	2017 年	均值
北京	0.4749	0.5163	0.6333	0.7419	0.8828	0.9117	0.9373	0.9599	0.9718	0.9856	0.8016
天津	0.1560	0.1599	0.1797	0.2124	0.2444	0.2754	0.3214	0.3678	0.3870	0.3891	0.2693
河北	0.1360	0.1636	0.1777	0.1990	0.2129	0.2428	0.2790	0.2794	0.2906	0.3138	0.2295
山西	0.0682	0.0856	0.0906	0.0994	0.1094	0.1350	0.1388	0.1440	0.1457	0.1584	0.1175
内蒙古	0.0618	0.0756	0.0827	0.1010	0.1178	0.1391	0.1519	0.1382	0.1507	0.1546	0.1173
辽宁	0.2346	0.2524	0.2729	0.2973	0.3373	0.3508	0.3679	0.3509	0.3556	0.3950	0.3215
吉林	0.0827	0.0927	0.0999	0.1056	0.1144	0.1266	0.1353	0.1368	0.1570	0.1781	0.1229
黑龙江	0.1194	0.1304	0.1389	0.1595	0.1723	0.1860	0.1854	0.1860	0.1897	0.1920	0.1660
上海	0.5761	0.6470	0.7923	0.7971	0.8284	0.8469	0.8624	0.8740	0.8942	0.9268	0.8045
江苏	0.4597	0.5180	0.5687	0.6260	0.6623	0.6852	0.7410	0.8093	0.8974	0.9557	0.6923
浙江	0.3502	0.3895	0.4583	0.5453	0.6305	0.7018	0.7320	0.8069	0.8451	0.9065	0.6366
安徽	0.1101	0.1296	0.1488	0.1897	0.2250	0.2730	0.2849	0.3239	0.3725	0.3879	0.2445
福建	0.1764	0.1923	0.2208	0.2557	0.2906	0.3236	0.3443	0.3797	0.3876	0.4185	0.2989
江西	0.0783	0.0955	0.1117	0.1269	0.1376	0.1583	0.1719	0.1970	0.2162	0.2414	0.1535
山东	0.3587	0.3804	0.4399	0.4961	0.5483	0.6014	0.6359	0.6918	0.7366	0.8148	0.5704
河南	0.1514	0.1819	0.1946	0.2286	0.2521	0.2930	0.3209	0.3333	0.3808	0.4023	0.2739
湖北	0.1430	0.1706	0.1894	0.2094	0.2449	0.3124	0.3771	0.4385	0.4988	0.5405	0.3125
湖南	0.1122	0.1337	0.1486	0.1669	0.1922	0.2161	0.2306	0.2578	0.2655	0.3303	0.2054
广东	0.5486	0.6139	0.6574	0.6918	0.7208	0.7414	0.7564	0.7808	0.8182	0.8541	0.7183
广西	0.0717	0.0838	0.0917	0.1082	0.1178	0.1351	0.1482	0.1638	0.1708	0.1847	0.1276

续表

省份	2008 年	2009 年	2010 年	2011 年	2012 年	2013 年	2014 年	2015 年	2016 年	2017 年	均值
海南	0.0635	0.0645	0.0524	0.0556	0.0609	0.0569	0.0613	0.0615	0.0741	0.0758	0.0627
重庆	0.0786	0.0821	0.1037	0.1209	0.1397	0.1702	0.1998	0.1990	0.2285	0.2240	0.1546
四川	0.1469	0.1831	0.2032	0.2244	0.2631	0.2994	0.3294	0.3575	0.3784	0.4315	0.2817
贵州	0.0348	0.0449	0.0494	0.0622	0.0711	0.0882	0.0974	0.1069	0.1095	0.1346	0.0799
云南	0.0673	0.0752	0.0842	0.0933	0.1138	0.1233	0.1350	0.1439	0.1473	0.1585	0.1142
西藏	0.0169	0.0185	0.0181	0.0178	0.0247	0.0259	0.0273	0.0288	0.0308	0.0305	0.0239
陕西	0.0822	0.1128	0.1387	0.1640	0.2040	0.2696	0.3008	0.3303	0.3658	0.4049	0.2373
甘肃	0.0547	0.0635	0.0694	0.0729	0.0900	0.0991	0.1055	0.1074	0.1222	0.1234	0.0908
青海	0.0204	0.0251	0.0255	0.0296	0.0317	0.0356	0.0408	0.0461	0.0528	0.0522	0.0360
宁夏	0.0238	0.0242	0.0278	0.0301	0.0344	0.0433	0.0545	0.0487	0.0604	0.0615	0.0409
新疆	0.0619	0.0678	0.0698	0.0782	0.0843	0.1007	0.1116	0.1076	0.1121	0.1177	0.0912
东部	0.3300	0.3645	0.4180	0.4621	0.5082	0.5387	0.5671	0.6011	0.6303	0.6641	0.5084
中部	0.1105	0.1328	0.1473	0.1702	0.1935	0.2313	0.2540	0.2824	0.3132	0.3435	0.2179
西部	0.0601	0.0714	0.0804	0.0919	0.1077	0.1275	0.1418	0.1482	0.1608	0.1732	0.1163
东北	0.1455	0.1585	0.1706	0.1875	0.2080	0.2211	0.2295	0.2245	0.2341	0.2551	0.2034
全国	0.1648	0.1858	0.2102	0.2348	0.2622	0.2882	0.3080	0.3261	0.3472	0.3709	0.2698

5.2.2.1 城市经济高质量发展的时间差异分析

为能够直观反映城市经济高质量发展整体水平，本书利用 2008 ~ 2017 年各省（区、市）的城市经济高质量发展水平均值，绘制了图 5 - 6。从时间演化趋势来看，2008 ~ 2017 年中国 31 个省（区、市）城市经济高质量发展水平总体呈现稳步上升的基本趋势，意味着近年来中国城市经济发展从原本的关注增长速度逐渐转向了兼顾质量发展的道路，创新能力逐步提升、经济结构不断优化，以及全面地关注经济发展进程。具体来看，东部地区始终走在城市经济高质量发展前列，且十年来增长幅度最大，高于全国，处于领跑地位，直观展现出了强劲的发展动力，东部地区是我国改革开放的排头兵，十年来，致力于改造提升传统产业，实体经济获得全面提升，对未来产业进行科学谋划布局，抢占了经济发展制高点。高起点谋划，高标准推进，高质量服务共同推进了东部经济保持城市经济高质量发展的态势。西部地区处于末位，西藏、青海、宁夏等地区的城市经济高质量发展水平相对落后，主要原因在于这些省（区、市）自身经济发展水平相对滞后，政策和产业结构的变化制约了当地经济的发展，导致当地的经济发展缺乏内在动力，影响了城市经济高质量水平的稳步提升。以 2012 年为节点，东北地区由高于中部地区到被中部地区超越。近年来，东北地区经济呈现下滑的不良态势，甚至出现负增长的现象，但经过一系列关于“稳增长”的宏观调控，经济逐步回暖，与西部地区一样，也呈现出增长动力不足的现实局面，在未来推进城市经济高质量发展过程仍需引起重视。同时，中部地区发展动力充足，在城市经济高质量发展水平上与东部地区基本持平，随着中部崛起战略的深入推进，中部地区城市经济进入了健康可持续发展的轨道，具备了承接东部地区产业转移的实力，其城市经济高质量发展水平自然有了新的突破。

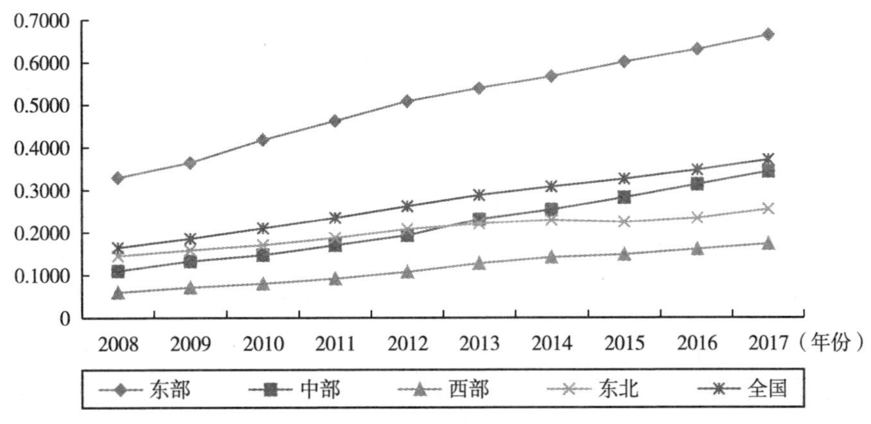

图 5-6　2008~2017 年城市经济高质量发展水平演变趋势

5.2.2.2　城市经济高质量发展的空间差异分析

为能够直接反映各地区城市经济高质量发展水平，并可以直观比较当前中国各地区城市经济高质量发展水平的差异，本书对其发展情况进行了基本分类，并划分为低水平发展阶段（$0 < D \leqslant 0.2$）、较低水平发展阶段（$0.2 <$

$D \leqslant 0.4$）、正常水平发展阶段（$0.4 < D \leqslant 0.6$）、较高水平发展阶段（$0.6 < D \leqslant 0.8$）及高水平发展阶段（$0.8 < D \leqslant 1.0$）五个等级，并依据其划分结果，可以得出全国 31 个省（区、市）地级及以上城市经济高质量发展水平的空间分布格局，具体如表 5-8 所示。

表 5-8　　城市经济高质量发展水平的阶段划分

类型	低水平发展阶段	较低水平发展阶段	正常水平发展阶段	较高水平发展阶段	高水平发展阶段
省（区、市）	山西、内蒙古、吉林、黑龙江、江西、广西、海南、重庆、贵州、云南、西藏、甘肃、青海、宁夏、新疆	天津、河北、辽宁、安徽、福建、河南、湖北、湖南、四川、陕西	山东	广东、江苏、浙江	北京、上海

从时间演化的角度看，中国整体城市经济高质量发展水平稳步提高，但是发展形势依然比较严峻，特别是在经济发展潜力尚未充分激活的地区，区域发展差距较大，区域发展不协调的现象依然存在。

总的来看，我国城市经济高质量发展呈现出“东部领先、中部追赶、东北和西部滞后”的空间格局。特别是处于高水平、较高水平及正常水平发展阶段的均为东部地区，表现出明显的内在优势。这是由于东部地区充分享受到东部率先发展的战略，东部地区的发展得到持续支持，实现了较好的产业转型与升级，形成了全方位开放的经济体系，在科技创新、区域发展新动能方面走在前列，城市经济率先迈向高质量发展阶段。中部地区城市经济高质量发展水平虽然落后于东部地区，但近些年政策的扶持以及资源的支撑极大促进了中部地区的发展，外加中国经济步入新常态的契机下，中部地区的服务业发展成效显著，给予了经济发展重要动力，外加中部地区独特的区位优势，依仗高铁网络，“一带一路”建设的深入推进，带动了中部地区城市经济高质量发展水平提升。而东北地区和西部地区的城市经济高质量发展水平落后明显，尤其是青海、甘肃、西藏，远远落后于全国平均水平。这主要是因为东北地区是中国老工业集聚地，由于几次产业转型与政策调整，以及相对有限的城市政策在一定程度上制约了东北经济的健康发展。而西部地区经济发展的活力不足，民营经济滞后是其一大短板，其经济分化现象明显，外交资源、环境条件的下限制也是制约当地发展的因素。具体来看：

（1）高水平发展阶段。城市经济高质量发展处于高水平阶段的地区主要包括上海和北京。2008 ~ 2017 年间，得分均值分别达到 0.8045 和 0.8016，在国内处于遥遥领先的地位。主要在于上海和北京在推动城市经济高质量发展上取得了实质性进展。上海则充分发挥其战略优势，以城市品牌建设为突破，不断提高城市的国际影响力与号召力；北京以减量发展为突破口，致力于产业结构调整，大力建设以科技创新为核心的产业结构，有效释放存量，有效地提升了城市经济发展质量。上海和北京在推进城市经济高质量发展的道路上虽然具体做法有所不同，但在实践中都注重契合城市实际，根据城市战略定位制定经济高质量发展的阶段任务，并取得了十分显著的成效，成为城市经济高质量发展维持在高水平发展阶段的关键所在。

（2）较高水平发展阶段。城市经济高质量发展处于较高水平阶段的地区主要包括广东、江苏和浙江三个省份。2008 ~ 2017 年间，得分均值在 0.60 至 0.80 的区间范畴内，在国内处于稳步上升的地位。其中广东高于江苏和浙江，为 0.7183，这也得益于深圳市的示范带头作用，深圳市始终坚持创新驱动是第一动力的理念，质量强市战略的实施促使深圳市率先走上高质高量的发展道路，保持着强劲的城市经济竞争力，也大大带动了周边城市和整个广东的经济发展。江苏和浙江在推进城市经济高质量发展中紧跟广东发展步伐。江苏提出“强富美高”的发展目标，从经济、文化、城乡建设及生态等多个层面出发，进行积极探索；浙江作为中国经济强省，以供给侧结构改革为主轴，全面实施数字经济“一号工程”，不断推进长三角区域一体化发展，多角度着力、多维度出击，打出了城市经济高质量发展的组合拳，促使浙江经济迈向了城市经济高质量发展的新征程。

（3）正常水平发展阶段。城市经济高质量发展处于正常水平阶段的地区为山东。2008 ~2017 年间，得分均值为 0.5704，处在 0.40 至 0.60 的合理区间内，在国内属于中等地位且得分也逐年攀升，表明山东经济整体呈现出稳定、向好的发展态势。尤其是近年来山东城市经济高质量发展水平突破 0.80 大关，城市经济高质量发展全面起势，这与山东近年来积极践行五大发展理念、大力实施新旧动能转换工程密不可分。面对城市经济高质量发展的时代诉求，山东要保持稳中有进的发展总基调，切实落实五大发展理念，继续做好新旧动能转换工作，坚持以供给侧结构改革为主线，为长远发展奠定坚实基础，推进城市经济高质量发展迈向高水平阶段。这也构成山东城市经济高质量发展的重要任务。

（4）较低水平发展阶段。城市经济高质量发展处于较低水平阶段的地区主要包括天津、河北、辽宁、安徽、福建、河南、湖北、湖南、四川和陕西。其中东部地区 3 个、中部地区 4 个、西部地区 2 个、东北地区 1 个，意味着在全国层面，城市经济高质量发展水平相对偏低。近年来，虽然中部地区城市经济高质量发展水平有所增加，但中部 4 个省份的城市经济高质量发展仍处于较低水平发展阶段，主要在于协调发展和开放发展的力度不足，对于前者而言，中部地区城市间的发展差距较为明显，其中心城市，武汉市的经济水平与周边城市差距显著，外加集聚效应的增强及扩散效应未得到充分发挥，城市间的不协调程度会有所扩张；对于后者而言，由于地理区位和经济结构所限，相对于东部地区而言，对外开放水平较低。这两方面的原因导致中部地区的城市经济高质量发展水平相对偏低。对于西部地区而言，在创新发展、协调发展、共享发展等方面均不足，城市经济高质量发展水平自然也就较低。中共十九大以来，陕西明确自身地位，大力发展“三个经济”，即发展枢纽经济以激发陕西“内连外畅”新活力、流动经济促进生产要素畅通流动、门户经济构建向西开放的新格局。三个经济为陕西经济提供了更广阔的发展平台，五大发展理念得以不断落实，共同推进陕西经济向经济高质量发展高水平阶段挺进，但相对于东部地区而言发展水平依旧偏低。

（5）低水平发展阶段。城市经济高质量发展处于低水平阶段的地区主要包括山西、内蒙古、吉林、黑龙江、江西、广西、海南、重庆、贵州、云南、西藏、甘肃、青海、宁夏和新疆，而且均位于中、西部和东北地区。这些地区的城市经济高质量发展水平位于最后梯队，主要在于这些地区自身经济发展水平相对滞后，基础建设落后、劳动力整体素质偏低、外加创新能力不足无法给予城市经济高质量发展提供足够的智力支持，导致城市经济高质量发展动力不足，发展水平偏低。因此，在未来的城市经济发展中，这些地区应把握好补短板的重点任务，抓住"一带一路"发展契机，不断优化经济结构，转变城市经济增长方式，在结合发展实际的同时，改进滞后区域、解决发展难题，以此促进城市经济高质量发展。

5.3 城市经济高质量发展的空间关联性分析

在明确出城市经济高质量发展时空差异的基础之上，为能够甄别出其内在的空间关联性，弄清楚其空间集聚状况，本书基于空间分析的特性不同，先对全局空间进行分析，又进一步对局部空间进行系统性分析，以此来深度探究城市经济高质量发展的空间关联水平。

5.3.1 城市经济高质量发展的全局空间自相关分析

本书利用 ArcGIS 10.2 软件和 Goeda 1.12 软件计算出中国城市经济高质量发展的全局 Moran's Ⅰ指数，结果如图 5 - 7 所示，各年份 Moran's Ⅰ值均显著，取值范围在 0.3358 ~ 0.4254 之间，且都通过 p 值小于 0.01 的显著性水平的 Z 统计检验，表明无论是发达地区还是欠发达地区的城市经济高质量发展都存在着显著的全局空间集聚效应，属于城市经济高质量发展值高的区域被高城市经济高质量发展值的区域所包围的空间关系，或者城市经济高质量发展值低的区域被低城市经济高质量发展值的区域所包围的空间关系。但 Moran's Ⅰ指数较低，说明空间自相关的特征在中国城市经济高质量发展的格局中表现的不明显，其集聚程度低，整体呈弱集聚格局。这种空间集聚效应在研究时段内具有一定波动，其中在 2008 ~ 2011 年由 0.3394 增加 0.3610，年均增长幅度为 6.36%。但在 2011 ~ 2012 年又下降到 0.3434。2012 年以后 Moran's Ⅰ指数开始缓慢增长，从 0.3434 一直提升到 2016 年的最大值 0.4254，在 2017 年有小幅度下降，为 0.4242，但是仍旧高于初始时期，集聚程度增加速度缓慢。上述结果表明：近年来中国城市经济高质量发展的变化在绝对量上呈不断集聚趋势。而从城市经济高质量发展的相对量上看，增长态势在空间上表现出更多的随机性和不稳定性，表明城市经济高质量发展的空间集聚在时间上存在差异。

从当前中国城市经济高质量发展水平的空间关联性来看，自 2008 年起，中国各地区形成了较为完善的空间一体化建设，城市之间行政壁垒被打通，表现出了显著为正的空间相关性，这也是促进城市经济高质量发展水平稳定提升的重要力量。从时间演化上来看，2008～2017 年间，中国区域间的关联性呈现出稳定提升的态势，且在 2017 年趋于稳定，表明当前的城市发展建设工作正处于稳定发展的状态，且表现为对周围地区的正面辐射作用，带动了更多城市的经济发展，从而成为拉动整个地区城市经济高质量发展的重要力量。

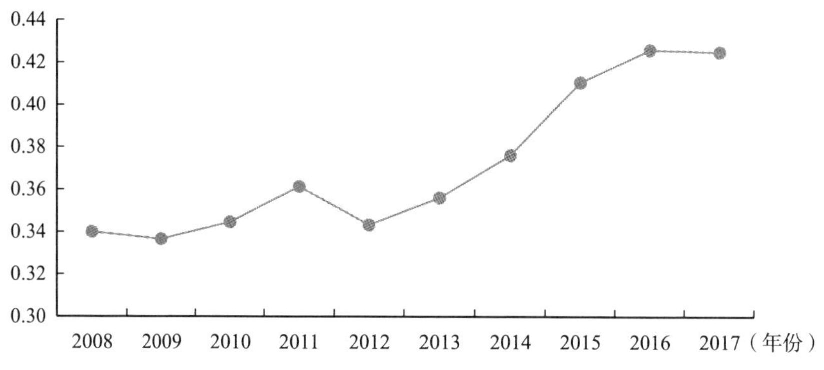

图 5－7　城市经济高质量发展的全局 Moran's I 指数

5.3.2　城市经济高质量发展的局部空间自相关分析

局部空间自相关分析用于探讨区域内各个地域单元的空间关联性。本书主要采用绘制城市经济高质量发展的 LISA 集聚图和 Moran 散点图的方法，对城市经济高质量发展进行局部空间自相关分析。以每五年作为一个发展周期，借助 Geoda 软件输出 2008 年、2013 年和 2017 年的城市经济高质量发展的 Moran 散点图，如图 5－8 所示。

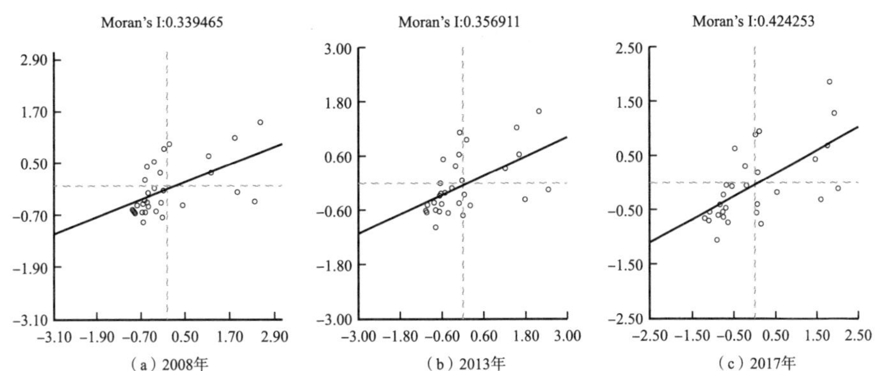

图 5－8 主要年份中国城市经济高质量发展的 Moran 散点图

注：空间权重中的没有邻居的对象已被删除。

从图 5－8 可以得知，2008 年落在 Moran 散点图四个象限中的地区数各不相同，第Ⅲ象限的点数最多、第Ⅱ象限次之、再次是第Ⅰ象限和第Ⅳ象限，其中上海、江苏、浙江、山东、福建等 5 个省份位于第Ⅰ象限，表现为正相关关系，是强城市经济高质量发展集聚城市（H-H），即城市经济高质量发展高观测值的区域单元与同是高观测值的区域单元发生集聚。而同样表现为正相关关系的新疆、黑龙江、贵州等 18 个省份位于第Ⅲ象限，是弱城市经济高质量发展集聚城市（L-L），即城市经济高质量发展低观测值的区域单元与同是低观测值的区域单元发生集聚。以广东、北京为代表的其他省份分别位于第Ⅱ、第Ⅳ象限，为负空间自相关关系（L-H 或 H-L）。与 2008 年相比，2013 年有小幅度的变化，即开始位于第Ⅲ象限（L-L）的河南迁跃到了第Ⅱ象限（L-H）、湖北则从第Ⅲ象限（L-L）迁跃到第Ⅳ象限（H-L），广西从第Ⅱ象限迁跃到第Ⅲ象限，四川位于第Ⅲ、第Ⅳ象限之间，但大部分城市还位于第Ⅲ象限。表 5－9 显示，2013～2017 年，河南、安徽由原来的第Ⅱ象限（L-H）迁跃到第Ⅰ象限（H-H），天津由原来的第Ⅱ象限迁跃到第Ⅲ象限，陕西由第Ⅲ象限迁跃到第Ⅳ象限，其他地区基本上没有发生变化。总之，第Ⅰ、第Ⅲ象限城市经济高质量发展局部的 H-H 和 L-L，从某种程度上可以认为中国城市经济高质量发展在地理空间上存在着明显的相互依赖性，呈现集聚的特征。

表 5－9　　城市经济高质量发展的演变路径

年份	H-H 象限	L-L 象限	H-L 象限	L-H 象限
2008	上海、江苏、浙江、福建、山东	黑龙江、新疆、山西、宁夏、西藏、河南、湖北、湖南、云南、贵州、海南、吉林、青海、甘肃、陕西、内蒙古、四川、重庆	广东、北京、辽宁	安徽、江西、广西、天津、河北
2013	上海、江苏、浙江、福建、山东	黑龙江、新疆、山西、宁夏、西藏、湖南、云南、贵州、海南、吉林、青海、甘肃、陕西、内蒙古、重庆、广西	湖北、广东、辽宁、北京、四川	河南、安徽、江西、天津、河北
2017	上海、江苏、浙江、福建、山东、河南、安徽	黑龙江、新疆、山西、宁夏、西藏、湖南、云南、贵州、海南、吉林、青海、甘肃、陕西、内蒙古、重庆、广西	湖北、广东、辽宁、陕西、北京、四川	江西、河北

综合运用 Geoda 1.12 和 ArcGIS 10.2 软件，绘制2008 年、2013 年和2017 年城市经济高质量发展的 LISA 集聚图并输出其他年份的 LISA 集聚结果，以此判断出空间特征是否具备显著性，并确定局部空间集聚或产生异常值的具体位置。根据所计算出的局部 Moran's Ⅰ统计量的Z 值，甄别出其集聚或异常特征的显著性。

由结果显示，在 2008 年、2013 年和 2017 年中国各省市在四个象限上全通过了 5% 的显著性水平检验，将观测期的 LISA 集聚图结果汇总如表 5－10 所示。根据集聚效果能够看出，在 H-H 热点区的城市主要分布在上海、江苏、浙江等地，其中，四川在 2013 年有明显的跨越现象（L-L 象限跨越到 H-L象限），安徽、江西分别在 2014 年和 2017 年由原来的不显著跨越到第Ⅱ象限，海南始终处于无邻域状态；而位于西部和西北部的大多数省区，如新疆、甘肃、和西藏等均处于 L-L 的冷点区。H-L 象限的省市基本是从 L-L 象限过来的，如四川。从以上数据中可以看出，上海、江苏等地区不仅城市经济自身发展较好，还带动了周边区域得到更好的发展，实现了城市经济高质量发展的共同建设模式。四川等地区从原来的 L-L 区迁跃到 H-L，主要是吸聚了大量周边地区的资源，自身虽然得到一定的发展，但却严重影响着周边地区的高质量建设。总体来看，当前中国的城市经济高质量发展水平形成了较为稳定的空间联系，但如何避免地区之间的不合理竞争并充分发挥其正面影响是接下来需要重点考虑的内容。

表 5 - 10　　LISA 集聚图结果

年份	H-H 象限	L-H 象限	L-L 象限	H-L 象限	无邻域
2008	上海、江苏、浙江		新疆、甘肃、陕西、四川、云南		海南
2009	上海、江苏、浙江		新疆、甘肃、四川		海南
2010	上海、江苏、浙江		新疆、甘肃、四川		海南
2011	上海、江苏、浙江		新疆、甘肃、四川、内蒙古、西藏、青海		海南
2012	上海、江苏、浙江		新疆、甘肃、四川、内蒙古、西藏、青海		海南
2013	上海、江苏、浙江		新疆、甘肃、内蒙古、西藏、云南、青海	四川	海南
2014	上海、江苏、浙江	安徽	新疆、甘肃、内蒙古、西藏、云南、青海	四川	海南
2015	上海、江苏、浙江	安徽	新疆、甘肃、内蒙古、西藏、青海	四川	海南
2016	上海、江苏、浙江、安徽		新疆、甘肃、内蒙古、西藏、青海	四川	海南
2017	上海、江苏、浙江、安徽	江西	新疆、甘肃、内蒙古、西藏、青海	四川	海南

5.4 本章小结

本章基于五大发展理念的战略思想，从“创新、协调、绿色、开放、共享”五大方面构建了城市经济高质量发展水平的评价指标体系，并利用熵值法对 2008 ~2017 年中国 31 个省（区、市）地级及以上城市经济高质量发展进行了综合测度，明确出其内在的时空演化机制；同时，基于空间探索性分析方法探讨了城市经济高质量发展的空间关联性。主要结论如下：

第一，从城市经济高质量发展的子系统来看，创新发展、协调发展、绿色发展、开放发展以及共享发展水平在 2008 ~ 2017 年间均实现了稳步的提升，为城市经济高质量发展起到了一定的拉动作用；受制于经济因素的影响，创新发展以及共享发展在 2015 年出现了一定的下降，而协调发展和开放发展在 2014 年也经历了小幅度的下降，但经过一段时间的调整后，均实现了再次的提升。同时，这五大发展系统也表现出了与经济发展相似的空间格局，其东部发展水平普遍较高，而西部地区和东北地区发展相对较为滞后。

第二，从城市经济高质量发展的空间差异来看，2008 ~ 2017 年间中国实现了城市经济高质量发展水平的稳步提升，且总体呈现出“东部领先、中部追赶、东北和西部滞后”的空间格局。依据城市经济高质量发展的均值，将其划分为低水平发展阶段、较低水平发展阶段、正常水平发展阶段、较高水平发展阶段及高水平发展阶段五个等级，其中北京和上海处于高水平发展阶段，广东、江苏和浙江处于较高水平发展阶段，山东处于正常水平发展阶段，且这三个阶段的省市均属于东部地区；天津、河北、辽宁、安徽、福建、河南、湖北、湖南、四川和陕西处于较低水平发展阶段，其中东部地区 3 个、中部地区 4 个、西部地区 2 个、东北地区 1 个；山西、内蒙古、吉林、黑龙江、江西、广西、海南、重庆、贵州、云南、西藏、甘肃、青海、宁夏和新疆处于低水平发展阶段，均属于中、西部和东北地区。

第三，基于探索性空间数据模型和 Moran's Ⅰ指数分析城市经济高质量发展的空间自相关性和分布演化情况得出，城市经济高质量发展在 2008 ~ 2017 年间存在着显著的全局空间集聚效应；但是 Moran's Ⅰ指数较低，空间自相关的特征表现不明显，其集聚程度低，整体呈弱集聚格局。而且大多数地区的城市经济高质量发展水平在地理空间上存在着明显的相互依赖性，呈现集聚的特征。然而，未来城市经济高质量发展水平到底呈现出何种趋势，是收敛还是发散，需要有一个明确的认识，这也为下文的顺利开展奠定了实践基础。

第6章

城市经济高质量发展的空间收敛性分析

实现城市经济高质量发展是诸多城市追求的战略目标，如何实现这一目标成为我们深入思考的重要内容。如前文所述，城市经济的高质量发展遵循着“创新、协调、绿色、开放、共享”五大发展理念，能够很好地满足人民日益增长的美好生活需要，能够走出生产要素投入少、资源配置效率高、资源环境成本低、经济社会效益好的可持续发展路径。第5章的实证结果可以看出，城市经济高质量发展水平存在着一定的空间差异，而这种空间差异在未来的发展中可能会呈现出两种趋势，即空间收敛或扩散，合理识别出这种发展趋势，有助于科学判断城市经济高质量发展的基本走向，对于实现城市经济高质量发展具有重要参考价值。因此，本章在基于城市经济高质量发展水平空间差异的基础之上，通过运用相应的收敛模型，对城市经济高质量发展的空间收敛性做出一个实证分析，并阐述其收敛机制，为城市经济高质量发展目标的实现提供有价值的参考。

6.1 空间收敛的理论模型

收敛性出自新古典增长理论以及新增长理论等，是过去衡量经济收敛的主要方式，这不仅为经济收敛提供了研究框架与理论依据，同时也表明了经济的收敛是一个动态的变化过程，尤其指出了落后地区在经济收敛中的独特表现。巴罗（Barro）和萨拉马林（Sala-i-Marin）在1992年时提出了α收敛和β收敛，随后高卢（Galor）在1996年提出了俱乐部收敛，以此来衡量经济收敛的程度，这不仅代表着收敛理论的进一步深入和完善，同时也扩充了其经济收敛的实证方法。而这三种收敛方式也成为后来衡量经济收敛的主要依据，且持续应用于多个学科领域。本书为保证研究的科学性，同样利用这三种收敛方式来分析2008～2017年中国城市经济高质量发展水平的空间收敛性。

城市经济高质量发展的收敛与分异研究是一个国家或城市经济研究的热点问题。学者们对经济发展收敛与趋异的研究主要是基于新古典增长理论与模型，研究认为，如果区域间要素投入能够自由流动，并遵从要素边际收益递减法则，那么人均收入较低的国家或地区的经济增长率相对较高，随着时间推移，国家之间或不同地区之间的经济差异可能消除，地区间的人均产出或收入趋于平衡，即最终达到一种稳定的发展态势，表现在路径依赖上就是稳态收敛。在经济学上，“收敛”指国家或地区间的人均收入差异会随时间推移变小，但不可忽视的是，也有与其相反的概念—趋异，不同的国家或地区的马太效应明显，即穷人越穷，富人越富。借鉴于以上的概念，本书重点考察城市经济高质量发展在地区间是否存在着强者越强、弱者越弱的现象。新古典增长理论的拥护者认为区域经济增长收敛包括α收敛、β收敛和俱乐部收敛，本部分也重点介绍这三种模式，并对当前中国城市经济高质量发展的空间收敛情况进行具体的分析。

6.1.1 α收敛模型

所谓α收敛是指城市之间的相对经济高质量发展程度随时间推移而减小，

在 α 收敛中，α 表示城市经济高质量发展水平的标准差，如果 α 随着时间的推移逐步缩减，则表明城市经济高质量发展水平越来越接近，存在 α 收敛。测度公式如下所示：

$$\alpha = \sqrt{(\ln D_i - \overline{\ln D})^2/N} \tag{6-1}$$

式（6－1）中，D 为城市经济高质量发展值；D_i 为各省区的城市经济高质量发展值；$\ln D_i$ 为各省区城市经济高质量发展水平的自然对数；$\overline{\ln D}$为城市经济高质量发展水平自然对数的平均值。

6.1.2 β 收敛模型

所谓 β 收敛则是指城市经济高质量发展水平与其初始水平呈负相关关系。也就是通过对比经济高质量发展水平较低的城市与经济高质量发展水平较高的城市进行测算。具体而言，假设经济高质量发展水平较低的城市具备更高的增长率，那么，经过一定时间的积累，经济高质量发展水平较低的地区一定可以追赶上经济高质量发展水平较高的城市，从而实现二者之间的协调发展，也就是实现 β 收敛。为了验证以上收敛的存在性，我们计算出了 2008 ~ 2017 年各城市的变异系数观察是否存在 α 收敛；为了检验城市经济高质量发展水平是否存在 β 收敛，使用了如下 β 收敛模型：

$$\frac{1}{T}\log\left(\frac{y_{it+T}}{y_{it}}\right) = \alpha - \beta\log y_{it} + \mu_{it} \tag{6-2}$$

式（6－2）中，y_{it}和 y_{it+T}分别表示 i 城市在时间 t 与 $t+T$ 的经济高质量发展水平，μ_{it}为残差，T 为年份。如果说 $\beta<0$，且显著，那就说明一定时期内的当期城市经济高质量发展水平与基期的城市经济高质量发展水平呈现负相关，基期与当期的城市经济高质量发展水平的差距呈现逐年缩小的发展状态，也即意味着存在 β 收敛；反之，则表明城市经济高质量发展水平并不存在 β 收敛。

6.1.3 俱乐部收敛模型

α 收敛是测量整个中国的城市经济高质量发展水平是否存在着明显的收

敛过程，而俱乐部收敛就是在此基础之上，通过测算不同组织、地区或不同发展状态的城市之间，随着时间的演化，各经济组织也就是城市之间的经济高质量发展水平是否有着空间收敛发展的迹象。衡量俱乐部收敛存在的基本条件为俱乐部内部区域城市之间的经济高质量发展水平趋于收敛，同时俱乐部与俱乐部之间是趋于发散的。本书根据中国对于地区的划分，将东部地区、中部地区、西部地区与东北地区作为四大经济板块分析中国区域之间的城市经济高质量发展水平是否存在俱乐部收敛效应。同时，本书利用泰尔指数测算四大经济板块之间的俱乐部收敛情况，具体测度公式如下：

$$T_{p_i} = \sum_j \frac{Y_{ij}}{Y_i} \ln \frac{Y_{ij}/Y_i}{P_{0ij}/P_{0i}} \tag{6-3}$$

$$T_{BR} = \sum_i \frac{Y_i}{Y} \ln \frac{Y_i/Y}{P_{0j}/P_0} \tag{6-4}$$

$$T_P = \sum_i \sum_j \frac{Y_{ij}}{Y} \ln \frac{Y_{ij}/Y}{P_{0ij}/P_0} = \sum_i \frac{Y_i}{Y} T_{p_i} + T_{BR} \tag{6-5}$$

式（6－5）中，T_P 为城市经济高质量发展水平差异的泰尔指数，其中，T_P 的分解公式为 T_{p_i} 和 T_{BR}，T_{p_i} 描述四大经济板块内部之间的总差异，T_{BR} 描述的是四大经济板块之间的城市经济高质量发展水平差异。Y_{ij} 为各省区的城市经济高质量发展值，P_{0ij} 为各省区的城市人口数，Y_i 和 P_{0i} 分别为 i 地区城市经济高质量发展总水平以及城市总人口数，Y 和 P_0 分别为全国城市经济高质量发展水平以及城市总人口数。

6.2　城市经济高质量发展的空间收敛结果分析

6.2.1　城市经济高质量发展的 α 收敛

α 收敛是指不同地区的城市经济高质量发展水平离散程度随着时间而降低，可以通过式（6－1）计算出历年城市经济高质量发展水平的标准差得出。如果标准差逐年减少，可认为城市经济高质量发展水平呈现 α 收敛，反之不收敛。为了探究当前中国城市经济高质量发展水平的收敛性，本书计算出了对应年份的城市经济高质量发展水平的区域间差异（如表 6－1 所示），从其数值上来看，当前中国城市经济高质量发展水平标准差逐年上涨，也即意味着地区间的差异越来越明显，并没有表现出 α 收敛。同时，不难发现，当前城市经济高质量发展的区域间差异正逐步取代区域内差异，且区域间差异呈现逐年上升的发展趋势，也就是说，在当前的经济发展中，区域内的差距逐渐缩小，其发展愈发注重协调下的一体化发展，但区域之间、板块之间的发展差距正在逐步拉大，地区差异显著。未来的发展需要在保障城市经济高质量发展水平稳步提升的前提下，实现区域之间的平衡发展，以此才能实现中国整体的城市经济高质量发展水平的提升。

表 6－1　　城市经济高质量发展的 α 收敛检验

地区	2008 年	2009 年	2010 年	2011 年	2012 年	2013 年	2014 年	2015 年	2016 年	2017 年
全国	0.1571	0.1733	0.2027	0.2186	0.2383	0.2455	0.2527	0.2668	0.2783	0.2924
东部	0.3299	0.3150	0.3032	0.2927	0.2911	0.2853	0.2620	0.2485	0.2085	0.1856
中部	0.0333	0.0387	0.0412	0.0494	0.0588	0.0734	0.0711	0.0683	0.0625	0.0538
东北	0.1224	0.1162	0.1157	0.0989	0.0907	0.0835	0.0793	0.0844	0.0933	0.1029
西部	0.0357	0.0452	0.0522	0.0592	0.0707	0.0856	0.0949	0.1042	0.1126	0.1273

从中国四大经济板块的 α 收敛情况能够看出，各个地区的表现并不完全相同（如图 6－1 所示）。具体而言，2008～2017 年间，东部地区城市经济高质量发展水平的 α 收敛值呈现出逐年下降的趋势，由 2008 年的 0.3299 下降到 2017 年的 0.1856，表明东部地区的城市经济高质量发展水平差异正在逐渐缩小，其 α 收敛效应十分明显。对于中部地区而言，其 α 收敛大致分为两个阶段，第一阶段为 2008～2013 年，其 α 值逐年增加，表明其内部的城市经济高质量发展水平差异正在逐年增加，这也与全国城市经济高质量发展水平的发展趋势相吻合；第二阶段为 2013～2017 年，其 α 值正在逐年下降，表明城市经济高质量发展水平内部差异正在减弱，存在着一定的 α 收敛效应，这与中部地区城市群和一体化发展战略的实施密不可分，联动发展带动了整个

地区城市经济高质量发展水平的提升，削弱了地区内城市经济发展水平的差异。而东北地区在2008～2014年间α值实现了稳步下降，尽管当时东北地区的经济形势不容乐观，但各个城市的经济建设相对协调，其经济高质量发展水平的差异也相对较小；但从2014～2017年，由于产业结构的调整以及各项经济政策的实施，东北地区经济面临着一轮新的大革新，其城市间的经济发展水平也受到了严重的影响，这就造成了在近几年间东北地区城市经济高质量发展差异逐渐拉大，导致其α值再次出现了上涨。最后，对于西部地区而言，2008～2017年间城市经济高质量发展的α收敛值均在稳定的提升，也意味着西部地区城市经济高质量发展的空间差异仍在不断拉大，并不存在α收敛现象。

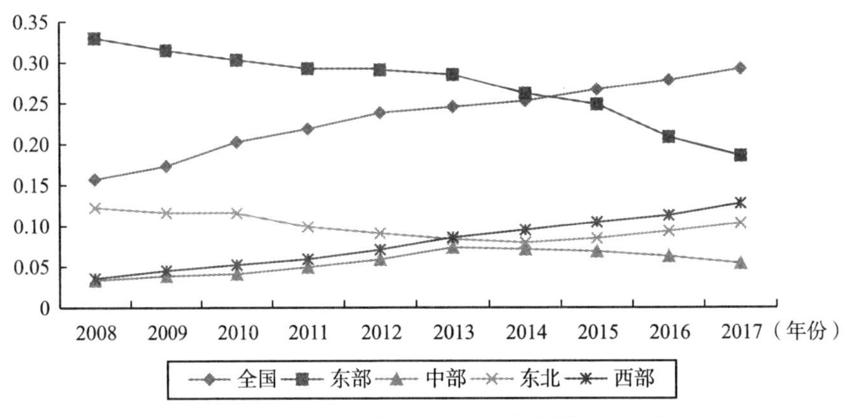

图6－1　2008～2017年全国及四大经济板块α值变化趋势

6.2.2　城市经济高质量发展的β收敛

为了检验城市经济高质量发展是否存在β收敛，我们分别构造了2008～2012年、2013～2017年以及2008～2017年的简单模型，结果如表6－2所示。

研究发现在2008～2012年间，其β收敛系数为－0.0170，表明各地区的城市经济高质量发展水平存在一定的β收敛，其趋同速度在1.70%左右，且和各地区城市经济高质量发展水平的涨幅较为符合，说明了我国城市经济高质量发展的β收敛大体上符合城市经济高质量趋同假说的一般情况；而在

表 6－2　　城市经济高质量发展的 β 收敛检验

年份	β 收敛	SEB	T	F
2008～2012	－0.0170	0.006348	－26.8	172.33
2013～2017	－0.0126	0.041037	－28.9	193.54
2008～2017	－0.0151	0.006068	－15.3	227.64

2013～2017 年间，β 收敛速度在 1.26% 左右，意味着在该时点上，中国的城市经济高质量发展水平的 β 收敛速度在变小。这主要是由于 2008 年以来，中国出台的一系列经济政策以及区域发展战略，在很大程度上减小了城市之间发展的差异，但从 2013 年之后，由于中国经济发展放缓，去杠杆、去库存等经济调整政策的实施，使得地区之间收敛速度放缓，经济高质量发展水平差异仍在不断缩小。从中国整体的发展情况而言，2008～2017 年间中国的城市经济高质量发展存在一定的 β 收敛，且收敛速度在 1.51% 左右，并且随着时间的推移呈现出了放缓的发展趋势。所以对于未来的城市经济高质量发展而言，如何充分发挥各地区的发展优势，在实现稳定的高质量建设的同时，保证各地区的发展特质，从而实现相互联系、相互包容，是接下来经济建设的重点任务。

6.2.3　城市经济高质量发展的俱乐部收敛

上述分析表明，在 2008～2017 年间，东部、中部以及东北地区均存在一定的 α 收敛情况，本书还进一步通过泰尔指数及其分解指标验证俱乐部收敛效应的存在与否，表 6－3 中数值根据以上公式计算得出，图 6－2 根据相关数值绘制而出俱乐部效应的折线趋势图。

表 6－3　　城市经济高质量发展的俱乐部收敛检验

年份	T_P	T_{BR}	T_{pi}			
			东部	中部	西部	东北
2008	1.4427	0.7133	1.1438	0.7739	0.0844	0.0733

续表

年份	T_P	T_{BR}	T_{pi}			
			东部	中部	西部	东北
2009	1.5362	0.8429	1.0019	0.6834	0.0933	0.1139
2010	1.6642	0.9138	0.9327	0.5519	0.0817	0.1576
2011	1.7365	1.1124	0.8846	0.4736	0.0783	0.2238
2012	1.9426	1.1385	0.8133	0.4482	0.0756	0.2741
2013	2.0648	1.2644	0.7426	0.3561	0.0733	0.2933
2014	2.1149	1.2375	0.6637	0.3172	0.0841	0.3175
2015	1.9427	1.3598	0.5283	0.2844	0.0816	0.3844
2016	1.8356	1.3237	0.4761	0.2568	0.0811	0.4427
2017	1.7742	1.3146	0.3427	0.2133	0.0788	0.4538

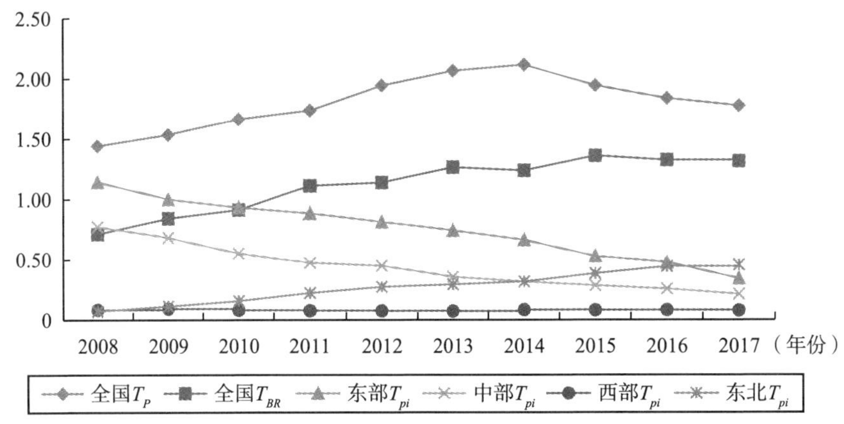

图 6-2　T_P、T_{BR}及四大经济板块 T_{pi}变化趋势

从全国城市经济高质量发展水平的泰尔指数来看，T_P 的变化大致分为两个阶段：第一，在 2008 ~2014 年间，全国城市经济高质量发展水平差异的泰尔指数呈现出明显的上升趋势，说明中国城市经济高质量发展水平的差异程度呈现不断扩大的状态；第二，2014 年以后，全国城市经济高质量发展水平的差异程度在整体变化中表现出逐渐缩小的发展趋势，也即表现出了明显的收敛特征。就整体发展而言，中国城市经济高质量发展水平空间分布差异呈现出明显的“倒 U 形”收敛特征，与 α 收敛情况表现出了一些差异，但更加契合中国整体的发展实际。

从俱乐部之间的差异泰尔指数来看，东部、中部、西部以及东北地区的城市经济高质量发展差异程度 T_{BR} 值均呈现出了“倒 U 形”的发展趋势。2008 年，中国各地开始施行各项经济发展政策，区域间的城市经济高质量发展水平虽有所差异，但并没有过于严重，随着各区域对经济建设的重视以及国家各项经济政策的不断推进，2015 年区域间的差异程度达到了顶峰，直至 2016 年，各地区之间的差异程度的收敛趋势才开始出现，但其收敛速度相对较慢，想要实现区域间城市经济高质量发展水平的协调发展仍任重而道远。就其检验结果来看，四大经济板块间的城市经济高质量发展水平差异主要经历了先扩大再缩小的发展过程。但就其数值来看，2008 年为 0.7133，2017 年为 1.3146，可以判断出东部、中部、西部和东北地区城市经济高质量发展差异程度虽然存在着一定的收敛过程，但总体上呈现发散的趋势。

从俱乐部内部城市之间的差异泰尔指数来看，2008 ~ 2017 年间，东部和中部区域内城市经济高质量发展差异值处于逐年下降的趋势，表明这两大区域内的城市经济高质量发展水平的差异逐年缩小，区域内出现了较为明显的收敛迹象。而对于东北地区而言，2008 ~ 2017 年间的城市经济高质量发展水平差异呈现出发散的趋势，内部的差异逐年扩大，其发展趋势并不乐观。对于西部地区而言，城市经济高质量发展水平差异总体缩小。具体来说，2009 ~ 2013 年和 2014 ~ 2017 年间，城市经济高质量发展水平差异的泰尔指数收敛趋势开始显现，但收敛幅度偏小。

俱乐部收敛的两个判断标准为：第一，要求俱乐部之间的差异是发散的；第二，俱乐部内部地区之间要存在收敛。从本书关于泰尔指数的分析来看，总体而言，俱乐部之间的差异泰尔指数有上下波动的趋势，但从 2008 年和 2017 年的基期与当期比较数值来看，俱乐部之间的差异属于发散的。对于俱乐部内部地区之间的差异泰尔指数而言，东部、中部以及西部地区的泰尔指数均呈现出收敛特征，只有东北地区的泰尔指数值在不断增加，表明东北地区的城市经济高质量发展水平差异存在着发散的特征。综上所述，本书认为城市经济高质量发展水平的区域差异存在俱乐部收敛效应。

6.3 本章小结

本章基于2008～2017年城市经济高质量发展水平的综合得分，全方位测算了城市经济高质量发展水平的空间收敛情况，主要结论如下：

首先，通过对城市经济高质量发展的α收敛分析，2008～2017年中国城市经济高质量发展并未出现较为明显的α收敛。α值也从2008的0.1571上升到了2017年的0.2924，表明中国的城市经济高质量发展水平的区域差异正在逐步扩大。而东部地区城市经济发展水平较高，对于经济建设的全面性以及周边地区的辐射性较好，其α值稳定的下降，表现出较为明显的收敛趋势，这也说明东部地区对于经济一体化以及区域协调发展战略的实施功效显著。中部地区由于政策导向的改善，城市经济高质量发展的α值经历了先上升后下降的过程，也就是说，自2013年之后，中部地区也在经历着较为明显的收敛现象，区域之间的城市经济高质量发展差异正在逐步缩小，这与城市群和一体化战略的实施密不可分。但对于东北地区而言，城市经济高质量发展水平并未表现出较为明显的收敛现象，与全国的α值变化趋势相一致，东北地区在2008～2017年的城市经济高质量发展区域差异是发散的，这主要是由于去杠杆、去库存以及转型发展等政策的施行，对东北地区经济产生了较大的压力，导致当地区域间的经济情况经历了较为严重的差异。与东北地区的情况类似，西部地区也未表现出明显的收敛现象。

其次，通过对城市经济高质量发展的β收敛分析，2008～2017年中国的城市经济高质量发展存在一定的β收敛，且收敛速度在1.51%左右，并且随着时间的推移呈现出了放缓的发展趋势。就不同的时间段来看，这种收敛趋势有所不同，2008～2012年间，其β收敛系数为-0.0170，表明各地区的城市经济高质量发展水平存在一定的β收敛，其趋同速度在1.70%左右；而在2013～2017年间，β收敛速度在1.26%左右，意味着在该时点上，中国的城市经济高质量发展水平的β收敛速度在变小。

最后，通过对城市经济高质量发展的俱乐部收敛分析，中国城市经济高质量发展水平的区域差异存在俱乐部收敛效应。中国四大经济板块自身内部

的 T_{pi}呈现出明显的收敛趋势，四大经济板块之间的收敛程度 T_{BR}呈现出由非均衡发展到协调发展的演变趋势。从全国城市经济高质量发展水平的泰尔指数来看，T_P 的变化大致分为两个阶段，在 2008 ~ 2014 年间，全国城市经济高质量发展水平差异的泰尔指数呈现出明显的上升趋势，2014 年以后，全国城市经济高质量发展水平的差异程度在整体变化中表现出逐渐缩小的发展趋势。从俱乐部之间的差异泰尔指数来看，东部、中部、西部以及东北地区的城市经济高质量发展差异程度 T_{BR}值均呈现出了“倒 U 形”的发展趋势。东部、中部、西部和东北地区城市经济高质量发展差异程度虽然存在着一定的收敛过程，但是总体上呈现发散的趋势。从俱乐部内部城市之间的差异泰尔指数来看，十年间，东部和中部区域内城市经济高质量发展差异值处于逐年下降的发展趋势，表明这两大区域内的经济高质量发展水平的差异逐年缩小，区域内出现了较为明显的收敛趋势；东北地区城市经济高质量发展水平差异呈现出发散的趋势；西部地区城市经济高质量发展水平差异呈现收敛趋势，但幅度不大。

第7章 城市经济高质量发展的作用因素分析

实现城市经济高质量发展是诸多城市追求的战略目标，如何实现这一目标成为我们深入思考的重要内容。如前文所述，城市经济的高质量发展遵循着“创新、协调、绿色、开放、共享”五大发展理念，能够很好地满足人民日益增长的美好生活需要，能够走出生产要素投入少、资源配置效率高、资源环境成本低、经济社会效益好的可持续发展路径。它的发展不仅会受到城市自身运行机制和推进模式的影响，还会受到其他一系列因素的干扰，科学识别出这些作用因素，明确其作用方向和作用力度，有助于明确城市经济高质量发展的外部影响因素，对于实现城市经济高质量发展具有重要参照价值。因此，本章在对基于城市经济高质量发展水平时空差异的基础之上，通过构建相应的回归模型，对城市经济高质量发展的作用因素做出一个实证分析，并阐述其作用机制，为城市经济高质量发展目标的实现提供作用机理的参考。

7.1 指标体系的构建

城市经济高质量发展是五大发展理念在城市空间的实际应用，全面贯彻五大发展理念，并甄别出其作用因素，对于未来城市经济高质量发展的实现有着实践参照的价值。本书依据第 5 章所测度出来的城市经济高质量发展水平的结果，将其作为自变量，参照车冰清等（2012）、袁晓玲等（2017）的研究成果，并结合中国当前城市经济发展的实际和新常态下中国城市经济高质量发展的指导理念，将复杂的城市经济高质量发展理念分解为创新发展、协调发展、绿色发展、开放发展与共享发展五大发展维度。同时根据这五大发展维度的作用因素，本书选取城市非农人口水平、经济规模水平、消费水平、劳动生产率水平、政府干预水平、人口密集度、外资利用水平、科技创新水平及环境污染水平等因素作为解释变量，并分别以非农人口/总人口、城市国民生产总值、社会消费品零售总额、工业总产值/工业就业人数、财政支出水平、城市总人口/城市面积、实际利用外资总额、专利授权数及废气排放量来进行衡量，具体如表 7－1 所示。

表 7－1　变量选择

类型	影响因素	符号	变量说明
自变量	城市经济高质量发展水平	*D*	根据熵值法，对所构建的指标体系求得
解释变量	非农人口水平	*urb*	非农人口/总人口
	经济规模水平	*ecs*	城市国民生产总值
	消费水平	*fcr*	社会消费品零售总额
	劳动生产率水平	*lab*	工业总产值/工业就业人数
	政府干预水平	*gov*	财政支出水平
	人口密集度	*pou*	城市总人口/城市面积
	外资利用水平	*fcu*	实际利用外资总额
	科技创新水平	*std*	专利授权数
	环境污染水平	*env*	废气排放量

本书所采用的数据均来源于2009～2018年《中国城市统计年鉴》、各省（区、市）的统计年鉴、中国城市数据库、中国环境数据库以及中国城乡建设数据库。其中，部分数据经过简单计算所获取。

7.2 理论模型构建

本书在满足指标设置科学有效的前提下，基于可操作性、针对性和代表性的设计原则，选取了影响城市经济高质量发展的相关作用因素。为得到更加有效和稳定的数据集，消除原始数据存在的剧烈波动以及可能存在的异方差，本书利用时间序列进行标准化处理后能得到平稳序列的有效特性，对所选取的与城市经济高质量发展有关的作用因素进行了标准化处理，即主要是对非农人口水平、经济规模水平、消费水平、劳动生产率水平、政府干预水平、人口密集度、外资利用水平、科技创新水平及废气排放量进行数据整理，最终得到的回归模型如下所示：

$$D_{it} = \varphi_0 + \varphi_1 ecs_{it} + \varphi_2 urb_{it} + \varphi_3 fcr_{it} + \varphi_4 lab_{it} + \varphi_5 gov_{it} + \varphi_6 pou_{it} + \varphi_7 fcu_{it} + \varphi_8 std_{it} + \varphi_9 env_{it} + \varepsilon_{it} \tag{7-1}$$

式（7－1）中，D_{it}代表城市经济高质量发展水平。φ_0 为常数项，φ_i 为待估参数系数，ε_{it}为随机误差项。

7.3 城市经济高质量发展作用因素的实证分析

7.3.1 变量的描述性统计

由于本书所测度的是2008～2017年中国31个省（区、市）地级及以上城市的相关数据，故观测值为310个，主要变量描述性统计报告在表7－2中。根据表中数据显示，本书所选指标的标准误整体较小，表明样本统计量和总体参数的值比较接近，样本对总体具有代表性。其中，2008～2017年间，城市经济高质量发展水平的均值为 0.2698，表明城市经济高质量发展水平总体偏低。

表 7－2　主要变量描述性统计

变量	观测值	均值	标准差	最小值	最大值
D	310	0.2698	0.2460	0.0169	0.9856
urb	310	0.5373	0.1403	0.2261	0.8960
ecs	310	0.8285	0.0900	0.5244	1.0000
fcr	310	0.8922	0.0365	0.8057	1.0000
lab	310	0.6080	0.1092	0.2558	0.8013
gov	310	0.2657	0.2011	0.0844	1.0000
pou	310	0.8997	0.0527	0.7174	1.0000
fcu	310	0.8105	0.0966	0.5739	1.0000
std	310	0.7493	0.1358	0.2785	1.0000
env	310	0.7002	0.0883	0.2832	1.0000

7.3.2　全国层面城市经济高质量发展的作用因素分析

本书重点对 2008～2017 年全国 31 个省（区、市）地级及以上城市经济高质量发展水平进行面板数据的实证检验，主要有混合效应、固定效应和随机效应估计三种类型。本书通过个体效应和 Hausman 检验后，最终采用随机效应模型进行回归结果分析。结果如表 7－3 所示。

表 7－3　城市经济高质量发展的作用因素回归结果

变量	(1) 全国	(2) 东部	(3) 中部	(4) 西部	(5) 东北
urb	0.2992*** (5.22)	−0.1347 (−0.77)	0.1282 (0.80)	0.0906 (0.75)	1.4512*** (7.45)
ecs	2.5611*** (6.98)	1.9998* (1.95)	−0.6387 (−1.14)	1.0776* (1.98)	0.2479 (0.93)

续表

变量	(1) 全国	(2) 东部	(3) 中部	(4) 西部	(5) 东北
fcr	0.4398** (2.19)	0.6520 (1.10)	-0.4616 (-1.18)	-0.4559** (-2.16)	-0.0816 (-0.69)
lab	-2.0005*** (-7.99)	-1.2957** (-1.98)	0.5828 (1.35)	-0.9086** (-2.34)	-0.1370 (-1.44)
gov	0.4112*** (8.74)	2.1399*** (4.28)	0.1432*** (1.07)	0.2108*** (4.98)	0.3344* (1.73)
pou	-0.5687*** (-5.41)	-1.3693*** (-4.69)	-0.1347* (-0.77)	0.1572* (1.84)	-0.1311** (-2.10)
fcu	0.4055** (2.14)	1.0553 (1.55)	-0.1474 (-0.43)	0.1047 (0.60)	0.5899*** (2.83)
std	1.0941*** (7.42)	1.3588*** (3.95)	1.0445*** (5.24)	0.8947*** (6.25)	-0.0271 (-0.20)
env	-0.1807*** (-2.65)	0.2607 (1.41)	-0.4498*** (-3.18)	-0.4560*** (-4.93)	-0.0167 (-0.30)
常数项	-1.3550*** (-5.72)	-2.0473*** (-3.15)	-0.3068 (-0.76)	-0.2004 (-0.77)	-1.0718*** (-5.94)
R^2	0.8700	0.9143	0.8148	0.8499	0.9937

注：表中括号内数值为相应估计系数的 t 统计量，***、**、* 分别代表 1%、5%、10% 的显著性水平。

从表 7-3 中的第（1）列报告中可以看出，在研究时段内，影响中国城市经济高质量发展水平的因素有多种，具体而言，非农人口水平、经济规模水平、消费水平、政府干预水平、外资利用水平、科技创新水平对城市经济高质量发展具有正向显著影响。其中，非农人口水平对城市经济高质量发展水平的作用系数为 0.2992，且通过了 1% 的显著性检验，意味着在全国层面，非农人口的提升促进了城市经济高质量发展水平的提升，每增加 1 个百分点，城市经济高质量发展水平将增加 0.2992 个百分点。主要在于非农人口水平提升能够充分发挥城市空间的集聚效应，持续吸收劳动力、信息、政策等资源的流入，有效地巩固了城市经济发展，也能够全面增强消费能力，强化内需的经济增长效应，进而能够全面提升城市经济高质量发展水平。经济规模总量的扩大一方面能够为城市经济高质量发展形成足够的经济力支撑，缓解资金短缺或资金链条断裂的尴尬局面，另一方面能够形成规模经济效应，必然也会对城市经济高质量发展产生推动作用。消费水平提升之所以能够促进城市经济高质量发展，主要在于消费对城市经济增长的拉动作用较强，作为经济增长的“三驾马车”之一，消费对城市经济增长产生了重大贡献。近年来，消费总量不断扩大，社会消费品零售总额由 2012 年的 21.4 万亿元增长到 2017 年的 36.6 万亿元，2013 ~ 2017 年间，年均增速为 11.3%；消费率从 2010 年的 48.5% 逐年回升至 2017 年的 53.6%，足以证实消费已成为经济增长的主要拉动力和城市经济高质量发展的重要元素，所以积极顺应和把握消费升级大趋势，完善促进消费的体制机制，进一步增强消费对城市经济发展的基础性作用成为未来城市运行中必须关注的重点话题。从政府干预水平与经济规模指标来看，二者均对城市经济高质量发展产生正向影响，这是由于在社会主义市场经济条件下，市场失灵的现象时有发生，严重损害了市场运行的效率和城市经济发展质量，这就需要政府强化宏观调控的作用优势，解决市场失灵所带来的各种不良后果，有助于强化城市经济发展水平的提升。同时，政府根据发展战略的需要，通过行政的、法律的手段为地区发展营造良好的制度环境，以此来协调地区经济发展。而财政水平在很大程度上取决于经济规模的大小，更大的经济规模也带来更多的财政收入，这对于城市经济高质量发展具有明显的推动作用。科技发展水平也在城市经济高质量发展中发挥着积极作用，考虑到创新驱动发展战略的持续推进，对我国经济发展方式的转变与平稳增长具有重要意义。科技创新通过发挥乘数效应，不仅能够直接转化为现实生产力，而且还能够以技术的渗透作用强化各生产要素的生产效率，提高整体的生产力水平进而促进城市经济高质量发展。因此，未来的城市经济高质量发展进程中，仍需大力支持科学技术的发展，注重科技成果的应用，促进科技成果转化为现实生产力，为城市经济高质量发展做出更积极的贡献。

劳动生产率水平、人口密集度与环境污染水平对城市经济高质量发展产生负向阻碍作用，作用系数分别为 -2.0005、-0.5687、-0.1807，且均通过 1% 的显著性检验，表明劳动生产率水平、人口密集度与环境污染水平每增长 1 个百分点，城市经济高质量发展水平将分别下降 2.0005 个、0.5687 个、0.1807 个百分点。环境污染问题阻碍着城市经济高质量发展的实现，表明目前中国的生态环境与经济发展并不协调，也印证了以往经济粗放型增长模式存在环境保护意识不足，以牺牲环境为代价来换取经济增长的事实。因此，在未来的城市经济高质量发展中必须高度重视生态环境，协调经济发展与生态环境间的逻辑关系，保护人类的生产、生活环境不受污染，在维持生态良性循环的情况下，为社会经济的发展提供良好的基础。劳动生产率是由社会生产力的发展水平决定的，其高低主要取决于生产中的劳动力质量与劳动者平均熟练程度等因素，在这两者均偏低的情况下，劳动生产率的提升对城市经济高质量发展的贡献力度不足；而且劳动生产率的提升多集聚于传统的产业发展中，没有充分发挥劳动力资源的内在价值，也无法实现“好钢用在刀刃上”的理想效果，导致高精尖产业得不到快速发展，这必然会对城市经济高质量发展带来负面影响。为此，如何提升劳动力质量和劳动者平均熟练程度成为地方政府高度重视的问题。另外，城市经济高质量发展中，也要合理避免人口过于密集现象的发生，要注重人口规模最优点，以规避资源供应紧张和环境污染破坏问题发生，合理分配城市功能及人口流动，实现协调发展，进而为实现城市经济高质量发展提供行动贡献和策略贡献。

7.3.3 四大经济板块城市经济高质量发展的作用因素分析

表 7－3 中第（2）~（5）列分别列示了东部、中部、西部和东北四大经济板块城市经济高质量发展水平的作用因素回归结果，具体来看。

7.3.3.1 东部地区

在研究时段内，东部地区城市经济高质量发展水平主要受经济规模水平、政府干预水平、科技创新水平、劳动生产率水平及人口密集度等因素的影响，其中经济规模水平、政府干预水平、科技创新水平对城市经济高质量发展具有正向促进作用，其作用系数分别为 1.9998、2.1399、1.3588，且均通过 1% 或 10% 的显著性检验，意味着经济规模水平、政府干预水平、科技创新水平每增加 1 个百分点，城市经济高质量发展水平将分别增加 1. 9998 个、2. 1399 个、1. 3588 个百分点。这是由于经济规模的扩大能够有效地增强东部地区的资源集聚能力，发挥规模经济与范围经济效应带来的巨大优势，降低了东部地区企业发展的交易成本、信息成本、劳动力成本。经济规模能够提高资源的使用效率，资源在特定区域内的集聚、各企业的比较优势易于形成网络化协作格局，为优化当地产业布局和促进产业结构升级提供了条件。此外，经济规模的扩大能够充分发挥品牌优势。东部地区知名企业的发展，会大大提高该地区整体的城市形象，吸引更多的劳动力、信息资源以及投资商聚集，促进了当地城市经济高质量发展。同时，东部地区具备独特的区位优势，其发达的经济水平和完善的公共服务为投资和消费创造了极佳的制度环境，不断聚集优质的生产要素，实现了经济的健康高效发展，为城市经济高质量发展做出了积极贡献。

劳动生产率水平和人口密集度对东部地区城市经济高质量发展产生了负向阻碍作用，作用系数分别为 -1. 2957、 -1. 3693，且通过 5% 或 10% 的显著性检验，表明劳动生产率水平和人口密集度每增加 1 个百分点，东部地区城市经济高质量发展水平将分别下降 1. 2957 个、1. 3693 个百分点。这主要在于东部地区属于人口密集区，虽然人口规模总量较大，但人口结构失衡，人力资源并没有高效率转换成人力资本，对城市经济高质量发展产生一定的阻碍作用。劳动生产率水平之所以对城市经济高质量发展产生负向阻碍作用，主要由于东部地区的产业结构依旧未能从本质上实现真正的转变，技术密集型产业尚未成为主流，劳动生产率的提升仅简单的维持在传统产业上，对城市经济高质量发展的贡献力度不足；同时，劳动生产率的提升也没有大幅度增加当地经济收入、刺激消费，推动形成更加具有竞争力的劳动力和高附加值产业，无法对城市经济高质量发展贡献力量。因此，对于东部地区来说，未来城市经济高质量发展中，要切实关注劳动生产率的相关问题，实现由低效或无效向高效的转变。同时，要持续关注劳动生产率提升的软环境，深化经济体制改革，大力发展高新技术产业，走新型工业化道路，加强政府部门的宏观调控，制定发展高新技术产业的地方性法律法规，充分发挥政府的导向作用，为东部地区的未来发展提供良好的政策环境和制度环境，为实现中国城市经济高质量发展做出积极的示范。

7.3.3.2　中部地区

对于中部地区而言，其城市经济高质量发展水平主要受政府干预水平、科技创新水平、人口密集度以及环境污染水平等因素的影响，其中，政府干预水平和科技创新水平对其具有正向促进作用，作用系数分别为0.1432、1.0445，且均通过10%的显著性检验，表明政府干预水平和科技创新水平每增加1个百分点，城市经济高质量发展水平将分别增加0.1432个、1.0445个百分点。究其根本，中部塌陷现象由来已久，具体表现为：中部地区的经济总量和整体发展水平落后于东部地区，发展势头和发展速度也明显低于东部地区，总体上仍处于结构转换调整时期，中部崛起政策的实施使中部地区的复苏在很大程度上依赖政府部门的统筹协调和强有力的财政支持力度，政府在不断优化营商环境，打造公平透明的营商环境等方面的努力极大促进了中部地区城市经济高质量发展。同时，创新驱动战略的深入推进对中部地区城市经济高质量产生了一定的积极作用，新一轮的科技和产业革命推动了制造业的高质量发展，数字化智能化技术的广泛推广提升了制造业发展的效率和效益。众多创新支持政策极大地推动了科技成果转化和高新产业集群化，促进了中部地区城市经济发展水平的整体提升。

人口密集度和环境污染水平对中部地区城市经济高质量发展产生了负向阻碍作用，作用系数分别为-0.1347、-0.4498，且均通过1%或10%的显著性检验，表明人口密集度和环境污染水平每增加1个百分点，城市经济高质量发展水平将分别降低0.1347个、0.4498个百分点。主要在于人口密集度的提升导致各种城市问题的出现，所衍生出的交通拥堵、住宅紧张、公共服务供给不到位等均会对城市经济高质量发展产生不利影响。同时，环境污染问题降低了城市绿色发展水平和运行的质量，对城市可持续发展构成严重威胁，自然也会对城市经济高质量发展带来负面效应。下一步，在中部地区城市经济高质量发展中，应持续坚持绿色发展，开展生态保护和修复，强化生态环境建设和治理，实现资源节约型环境友好型的发展格局，建设绿色发展的美丽中部，进而实现城市经济高质量发展的旨趣。

7.3.3.3 西部地区

对于西部地区而言，经济规模水平、政府干预水平、人口密集度、科技创新水平对城市经济高质量发展具有正向促进作用，其作用系数分别为 1.0776、0.2108、0.1572、0.8947，且均通过 1% 或 10% 的显著性检验，表明经济规模水平、政府干预水平、人口密集度、科技创新水平每增加 1 个百分点，城市经济高质量发展水平将分别增加 1.0776 个、0.2108 个、0.1572 个、0.8947 个百分点。经济规模水平对西部地区城市经济高质量发展水平影响较为明显，在西部地区经济总量不高的事实下，维持一定的经济规模，能够保证经济存量，给予城市经济高质量水平的提升充分支撑，必然会促进城市经济高质量发展。政府干预水平之所以对其产生正向促进作用，主要在于西部地区的市场化水平明显偏低，仅仅依靠市场的力量来提升城市经济高质量发展水平往往会产生较小的动力，并衍生出系列性的市场问题，这就需要强化政府的干预水平，充分发挥政府在高质量发展中所起的宏观调控作用，进而推动着城市经济高质量发展目标的实现。西部地区地广人稀，城市人口密集度远低于东中部地区，单位土地面积所承载的人口总量远远不足，所以提升人口密集度自然会对城市经济发展带来正向影响，这也是西部地区出台各种政策吸引人才向西部地区发展的重要原因。同时，近年来，伴随着西部地区对科技创新的高度重视，其创新水平不断提升，对城市经济高质量发展有着特定的贡献。

消费水平、劳动生产率水平和环境污染水平对西部地区城市经济高质量发展产生负向阻碍作用，作用系数分别为 -0.4559、-0.9086、-0.4560，且均通过 1% 或 5% 的显著性检验，表明消费水平、劳动生产率水平、环境污染水平每增加 1 个百分点，城市经济高质量发展水平将分别降低 0.4559 个、0.9086 个、0.4560 个百分点。主要在于西部地区城市居民消费水平偏低，消费力度不足，外加新型城镇化建设滞后性，无法充分发挥内在需求对城市经济增长的拉动作用；而劳动生产率水平也没有对城市经济高质量发展起着推动作用，这与西部地区的劳动力质量和劳动者平均熟练程度密切相关。作为中国生态屏障的西部地区，环境污染问题成为重大的关键性问题，它所引发的不单单是生态环境本身的问题，也对城市经济发展的社会环境带来巨大威胁。在未来的发展中，尽管要素资源和环境污染等因素制约着西部地区城市经济的发展，但当地政府可考虑依据区位优势和资源优势，着力发展低碳工业，积极推进新材料、新能源、节能环保及高端制造业等环保产业发展，并大力发展服务业，充分利用当地的旅游资源禀赋，开发具有西部特色的旅游品牌，不断释放西部大开发战略的红利，吸引更多的外商投资和消费，逐步优化产业布局，促进经济规模的平稳扩大，进而推动当地的城市经济高质量发展。

7.3.3.4 东北地区

对于东北地区而言，非农人口水平、政府干预水平、外资利用水平对城市经济发展高质量水平产生正向促进作用，作用系数分别为 1.4512、0.3344、0.5899，且均通过 1% 或 10% 的显著性检验，表明非农人口水平、政府干预水平、外资利用水平每增加 1 个百分点，城市经济高质量发展水平将分别增加 1.4512 个、0.3344 个、0.5899 个百分点。值得注意的是，东北地区近年来经济发展并不乐观，作用因素上表现出与其他地区不一致的现象。首先，东北地区的城市经济发展位次不断下滑，经济规模总量增速缓慢，辽宁省在 2014 年甚至出现了负增长的现象，尚未表现出对城市经济高质量发展水平的推动作用。其次，东北地区的非农人口处于全国较高水平，城市化率一直保持在全国前列，成为刺激城市经济高质量发展的主要推动力。同时，近几年东北地区的港口贸易获得了长足的发展，表现出了对城市经济高质量发展较强的促进作用。但受制于当地大型国有企业与营商环境等因素影响，东北地区的发展情况一直不容乐观，其市场化水平一直处在全国倒数，外加体制机制的缺陷，城市经济发展属于疲软的状态。政府干预水平的提升一方面能够有效化解市场失灵所产生的恶果；另一方面能够为城市经济发展提供正确的宏观调控方向的指引，确保城市经济发展沿着合理的方向前进，避免偏离主干道运行，使得城市经济高质量发展水平有了一定的提升。

人口密集度对东北地区城市经济高质量发展产生负向阻碍作用，作用系数为 -0.1311，且通过 5% 的显著性检验，表明人口密集度每增加 1 个百分点，城市经济高质量发展水平将下降 0.1311 个百分点。主要在于，一方面，东北地区作为我国的老工业基地，资源型城市占比较大，近年来伴随着资源的枯竭，就业岗位和就业机会有所减少，人口密集度的提升必然会伴随着失业问题的出现，对于城市经济高质量发展自然会产生不利影响；另一方面，东北地区的国有经济占比较大，民营经济发展活力不足，外加僵化的体制机制，也无法为外来人口提供就业岗位和基本公共服务的保障，人口密集度的提升也会阻碍城市经济高质量发展。因此，在未来的城市经济高质量发展中，东北地区需要深度革除僵化的体制机制，更需要从整个地区实现产业再布局，通过结构性调整、去库存、发展高新技术产业等方式激发市场活力，将民营经济做活做大，从根本上激活城市经济高质量发展的内在动力。

7.4 本章小结

本章基于多元回归模型，重点考察了城市经济高质量发展的作用因素，甄别出其作用方向和作用力度，为未来城市经济高质量发展明确了路径。研究结论如下：第一，从全国层面城市经济高质量发展的作用因素来看，非农人口水平、经济规模水平、消费水平、政府干预水平、外资利用水平、科技创新水平对城市经济高质量发展具有正向促进作用；劳动生产率水平、人口密集度与环境污染水平对城市经济高质量发展具有负向阻碍作用，在未来的城市经济高质量发展中，如何全面提升并释放正向作用因素的功效，深度革除负向阻碍作用因素的不利影响，对于实现城市经济高质量发展的目标具有关键性作用。第二，从四大经济板块城市经济高质量发展的作用因素来看，各个板块均表现为不同的作用因素。对于东部地区而言，经济规模水平、政府干预水平、科技创新水平对其城市经济高质量发展具有正向促进作用，劳动生产率水平和人口密集度具有负向阻碍作用；对于中部地区而言，政府干预水平和科技创新水平对其城市经济高质量发展具有正向促进作用，人口密集度和环境污染水平具有负向阻碍作用；对于西部地区而言，经济规模水平、政府干预水平、人口密集度、科技创新水平对其城市经济高质量发展具有正向促进作用，消费水平、劳动生产率水平和环境污染水平具有负向阻碍作用；对于东北地区而言，非农人口水平、政府干预水平、外资利用水平对其城市经济发展高质量水平具有正向促进作用，人口密集度具有负向阻碍作用。因此，四大经济板块应在合理认识各自作用因素的基础之上，科学制定出具有针对性和可操作性的政策建议，以期为实现城市经济高质量发展贡献力量。

第8章

城市经济高质量发展的经验探索、基本趋向与政策建议

中共十九大明确指出，我国经济已由高速增长阶段转变为高质量发展阶段，正处于转变发展方式、优化经济结构、转化增长动力的关键时期，更好地建设现代化经济体系是高质量发展地内在要求和我国城市未来发展的目标。国内许多城市都在推动城市经济高质量发展方面做出积极探索，并取得了良好的发展成效，给予其他城市提供了示范性样本。本章从城市创新发展理念、供给侧改革、协调发展、绿色发展、共享发展等角度深度剖析了北京、上海、深圳三个典型城市在推动城市经济高质量发展上的实践探索，并深刻阐述了我国未来城市经济高质量发展的基本趋向。在此基础上，以五大发展理念为理论指导针对性地提出了我国城市经济高质量发展的建议，以期实现建立健全城市现代化经济体系，增强城市创新力和竞争力、更好地满足人民日益增长的美好生活需要的旨趣。

8.1 国内典型城市经济高质量发展的经验探索

中共十八大以来，我国深入贯彻落实新发展理念，统筹推进“五位一体”总布局和协调推进“四个全面”战略思想，把握与引领经济发展新常态，经济由原来的高速发展阶段逐步转向高质量发展阶段，北京、上海、深圳在推进城市经济高质量发展进程中，审时度势，取得了显著成效，对于未来中国城市经济高质量发展具有重要的借鉴意义和典型性。

8.1.1 北京市经济高质量发展的转型之路

北京市作为我国的首都，具有中国政治中心和文化中心的城市战略定位，在推进城市经济高质量发展的进程中，积极探索从“合理利用资源适应经济发展”到“疏解城市功能促进城市高质量发展”的转型发展之路，已经取得十分显著的发展成效，具体来说：

（1）紧跟减量发展步伐，城市建设质量得以大幅度提升，向实现高质量发展目标更进一步。北京市具有雄厚的优质资源外加中国首都的区位优势，通过疏解城市功能，加大产业结构优化调整力度，整治淘汰了一大批低生产效能的企业，存量资源得以十分有效的释放，为创新提供更为广阔的发展空间。与此同时，北京市积极转变了以往错误的摊大饼等低效益的土地利用模式，积极投身于城市建设用地优化与城市空间管理过程中，使得城市建设的质量和效益节节攀升。

（2）以实现产业结构优化的基础之上促进城市经济发展质量提升，致力于城市经济高质量发展目标的实现。在调整产业结构的进程中，北京市摒弃了传统的粗放型工业体系，探索性构建出新一代信息技术、节能环保、人工智能、软件和信息服务以及科技服务业等“高精尖”经济结构，着重发展主导产业，积极推进战略性新兴产业发展进程，培育与孵化新的经济增长点，不断补充与完善现代化服务业体系，在资源得以充分配置的基础之上，形成优质供给和有效供给，进而加快城市经济高质量发展实现进程。

（3）以促进创新驱动发展方式为城市发展提供动力，进而实现城市经济的高质量发展。北京市由依赖资源消耗为核心的单一发展模式转向以创新驱动为主的增长模式，为教育、人才和科技优势全面释放搭建空间，通过政策、资金工具的科学及合理利用，积极搭建服务平台，在创新驱动中提升新旧动能转换率，提高城市发展质量。

（4）在区域协调发展的同时提升区域发展质量。北京市顺应国家三大发展战略之一的京津冀协同发展战略，不断积极推进北京城市的副中心与雄安新区“两翼”建设，不断提高城市以单中心空间结构为特征向多中心空间结构为特征的转变速度，不但缓解了北京市单中心空间结构所引致的城市低效率运行的问题，而且还通过建设的新区域地带成功引导实现城市有序增长，为城市发展提供新的动力源和增长极，积极促进城市治理平衡的多中心网络化空间格局的形成。

以上四点的路径安排，积极推动了北京市向高质量发展阶段的迈进，也为北京市实现城市经济高质量发展奠定了坚实的基础。

8.1.2 上海市经济高质量发展的探索经验

上海市在实现经济高质量方面具有天然的城市战略优势，发挥其得天独厚的人才优势、教育优势和资源优势等，创造自己独特的服务、制造、文化品牌，以敢为人先的改革锐气和务实担当的积极态度推动城市经济实现高质量发展，具体来看：

（1）优化城市核心功能，城市国际影响力不断攀升。上海市在城市经济高质量发展中能够积极参加全球合作竞争，以自身的大都市带优势带动周边区域经济快速发展；在城市规划与城市发展中更加注重环境建设、强化城市功能、补短板，努力提高国际与国内贸易的便利程度，增强航运、空运等领域的突破。同时，对标国际最高水准努力创造引领全球的新功能、新科技，通过对自身优势资源的高效合理利用，扩大上海市在全球城市中的影响范围。

（2）增强创新先发优势，促使创新作为城市经济高质量发展的新动力。上海市致力于打造以全球为影响力范围，带领全球科技发展的“科创中心”，充分发挥其带头作用，促进创新资源优化配置，努力创造出具有中国自主创新性的科技成果，并致力于将科技成果有效转化为现实生产力，这为上海市的经济高质量发展指明了新方向，提供了新动力；另外，上海市积极推行深入改革，深化体制创新，弥补各体制机制的不足之处，为实现高质量发展清扫障碍。

（3）创造品牌优势，提高城市发展质量。上海市在对于古代传统品牌的文化基因继承的基础之上，积极努力适应时代潮流的变化，积极迎合消费升级，抓住市场机遇，优化商品供应质量，打造集时代气息、地方特色、高价值以及高竞争力于一体的创新优势，重点塑造出上海市自身所具有独特的服务、制造、购物、文化品牌。

（4）释放人才优势与教育优势，树立高质量发展的引领性机制。人才为城市经济实现高质量发展提供基础与保障，上海市高校云集，教育优势明显，各大高校已经意识到创新人才培养体系的重要性，特别强调领军人才和领军团队对创新与发展的引领作用，要采取更具吸引力的突破性人才引进政策，为各类人才提供更加个性化的工作生活环境，以较为优质的环境与条件吸引各领域的高端人才进入。同时，全面激发各类人才创新创业动力和活力，深度发掘青年人才的创造潜力，营造出极具吸引力的人才发展生态环境，促使各类人才融入上海、扎根上海。

8.1.3 深圳市经济高质量发展的实践经验

深圳市在经济高质量发展方面充分发挥本地竞争优势，加快创新步伐，坚持创新驱动发展、重视科技创新应用端建设，加大高端制造业服务业的开发力度，为实现城市经济高质量发展做出了大量的实践探索，具体来看：

（1）不断加快创新步伐。深圳市以先行先试的勇气和智慧谋创新、谋发展，构建推动城市经济高质量发展的体制机制；激发和保护企业家精神，探索建立鼓励创新，使创新成为城市发展的重要动力；坚持以供给侧结构性改革为主线，坚持产业融合发展，大力提升经济发展的效益和水平。

（2）坚持创新驱动发展，推动城市转型升级，实施提高经济质量强化城市发展的战略。深圳市坚持创新驱动，给予经济高质量发展极大的动力支持；深圳市坚持适应自身城市发展的质量要求，实现了经济发展的稳定前进，成为中国经济高质量发展的先进模范典型城市；该城市把设计、品牌、标准作为城市经济高质量发展的支撑点，实施提升工业设计、打造深圳标准、培育自主品牌三大专项行动计划，以实现经济高质量增长。

(3) 尊重市场在资源配置中的决定性作用。推动资源配置依据市场规则、市场规则、市场价格、市场竞争，实现效率的最大化、以实现经济快速、高质量发展，深圳市以民营经济为主体，创新活力光芒四射，培育出华为、平安、腾讯等产业巨头；同时，继续保持高度开放性，促进要素、商品与服务自由跨界流动，从而实现资源配置效率的最大化。

(4) 坚持推进供给侧结构性改革，全面发展实体经济。深圳制造业正向高端市场发展，新旧动能转换速度逐步加快，建设先进制造业生产基地，促进实体经济发展；该市遵循产业发展实际，围绕高新技术建立了制造业创新中心；同时，出台了专项扶持政策，重点发展实体经济，增强核心竞争力，有效把握工业有效投资，对重大项目进行提高速度来增加效率。

(5) 进一步加大高端制造和现代服务业开放力度。特别是新能源、生物制药、金融保险、物流运输、信息服务、医疗、文化等行业的开放，大力发挥引资示范效应，加快发展高端制造、智能制造、服务制造、绿色制造，以质量变革、效率变革和动力变革促进城市经济高质量发展。

8.2 城市经济高质量发展的基本趋向

城市经济高质量发展作为城市运行的一种目标，指引着城市的运行方向。未来的城市经济高质量发展中，必然会出现由数量追赶转向质量追赶、由规模扩张转向结构升级、由要素驱动转向创新驱动等的转变，这也将成为未来城市经济高质量发展的基本趋向。

8.2.1 数量追赶向质量追赶转变

20 世纪的中国，物质资源极度匮乏，各类产品相对稀缺，无法提供满足人们生产生活和社会发展前进的基本物质需求，20 世纪 70 年代开始的改革开放便是为了解决数量短缺这一问题，四十多年来，我国通过改革红利和要素红利刺激城市经济高速增长，大力发展生产力，以填补“数量缺口”，成为世界第二大经济体。人民的基本物质需求得到了极大满足和保障，城市经济获得空前发展，甚至在多个领域出现了产能过剩的情况。目前，我国社会主要矛盾以及面临的国内外形势已经发生重大转变，城市经济高速增长的要素条件、开放条件、制度条件等也都发生了变革，如何为人们提供更加优质的生活条件、如何提升城市经济发展质量、如何建设更加具有竞争力和影响力的城市空间，成为新时代城市发展中亟须思考的基本命题。当前，我国正处于转变经济增长方式的攻坚期和节点期，由数量追赶转向质量追赶转变，由注重量的增长到注重质的提高，以此填补“质量缺口”，促进高质量发展目标的实现，这不但能够化解当前城市经济发展中的低效无效的社会现象，也能够在坚持质量第一、效益优先的原则下，以供给侧结构性改革为主线，严格把控好供给端质量水平，推进城市经济发展质量变革，提高全要素生产率，在降增速、稳增长中提质量，不断增强城市经济创新力和竞争力。因此，无论是从城市经济发展的现实需求还是从城市经济高质量发展的紧迫性来看，未来城市经济高质量发展中必须实现由数量追赶向质量追赶的转变，方能实现高质量发展的初衷。

8.2.2 规模扩张向结构升级转变

进入经济新常态以来，中国经济增速过快的现象得到控制，增速减缓，经济运行平稳，这既为推进城市经济高质量发展提供了良好的客观条件，也意味着依赖传统制造业大规模扩张来促进城市经济增速的阶段基本结束，需要推动产业结构和经济结构的转型升级。中共十九大以来，中央明确作出了我国经济发展进入新常态的科学判断，着力推进供给侧结构性改革，推动经济结构调整、要素效率提升、发展动力转换，实施质量变革、效率变革、动力变革，为推动城市经济高质量发展创造了积极有利的社会环境。城市经济高质量发展具有十分丰富且广泛的内涵和意义，但核心在于如何实现城市经济结构的转型升级。城市经济结构升级不仅是我国城市经济高质量发展的主要内涵之一，也是未来城市运行的重要趋向。新时代下的城市经济高质量发展需要不断打破经济结构低端锁定，加速经济结构优化调整，促进经济结构转型升级，进而实现结构协调下的城市经济高质量发展。而且未来城市的产业发展不单单依靠规模扩张，而是更加关注和青睐城市产业价值链和产品附加值的提升。要完成这个过程需要推动要素在行业内、企业间的自由流动，以实现要素的再配置。而这种再配置，对与之相适应的各种制度、所处的营商环境提出了更高的要求。产业结构调整需要在宏观经济、中观经济和微观经济三个层面同时展开，协同推进产业结构优化升级，改善投资消费结构，不断完善经济开放结构。因此，实现由规模扩张转向结构升级转变既能够满足城市经济高质量发展中结构协调的内在要求，也能够摒弃过度依赖规模扩张进行城市发展的不科学做法，对于实现城市经济高质量发展具有重要的现实意义。

8.2.3　要素驱动向创新驱动转变

过去几十年间，中国经济的高速增长主要依赖于包括劳动力、资源、土地等在内的要素红利，但随着全球化进程的持续推进以及中国城市经济的不断发展，生产过程中的各种要素成本不断上升，导致大量外部投资转向生产要素成本更为低廉的东南亚市场或者印度市场等海外市场，部分内部投资也基于此原因产生了外流现象，这些刺激中国城市经济高速增长的要素红利正在逐渐消失，为城市经济高质量发展带来危机。综合考察当前城市经济高质量发展的基本现实，创新能力和创新人才的不足是制约创新发展的关键问题，如何通过人才的吸引和创新的驱动来突破固有的顽疾，革除高质量发展路途中的绊脚石成为我们必须深入思考的话题。中国历代领导人一直强调创新的重要性，习近平总书记指出创新是第一动力。科技创新是城市经济高质量发展的根本动力，城市经济实现质量变革、效率变革和动力变革最重要的是依靠科技进步。没有现代科技的支撑，城市经济高质量发展就是空谈。所以，城市经济高质量发展亟须实现由要素驱动转向创新驱动的转变，从原来依赖大量资源、要素投入的增长模式转向以创新驱动为主要动力的经济增长模式，培育高质量发展新动能。在动能转换过程中秉持创新发展理念，加大对创新型人才引进和培养力度，完善对创新型企业服务保障体制，构建开放创新合作平台，促进创新成果转化，营造有利于创新的环境，加快推动创新要素自由流动和集聚。因此，要素驱动向创新驱动的转变有着十分广泛的价值意义，既能够弥补当前创新能力和人才不足的尴尬境况，也能够提升城市经济可持续发展水平，对于实现城市经济高质量发展起着助推作用。

8.2.4 粗放经济向绿色经济转变

纵观世界各国的工业化发展历程，工业化进程中往往伴随着对生态环境的严重污染和破坏，对城市经济高质量发展带来诸多不利影响，反观中国的工业化进程也有着类似的经历。在工业化发展前期，受制于经济、社会、文化等基础条件的限制，为了推动城市经济的快速发展，扩大城市经济规模总量，中国主要采取粗放型的发展模式，产业结构相对滞后，对资源依赖较大，且发展过程中往往投入大量的资源要素，未能充分考虑资源利用效率，多投入并未获得有效产出，导致生态环境遭到破坏，人与自然矛盾日益凸显，由此滋生了各种环境问题和社会问题。城市经济高质量发展和五大发展理念紧密相连，具有深层一致性，作为五大发展理念之一，绿色发展在城市经济高质量发展中决不能被忽视。城市经济发展的绿色化、生态化是现代文明的重要标志，也是城市经济高质量发展的应有之义，绿色生态化应是高质量发展的普遍形态和特征。新时代下能否实现绿色经济已经成为是否实现城市经济高质量发展的判断标准之一。中共十八大以来，党中央一直高度重视生态文明制度建设，深刻认识到人与自然和谐关系的重要性和现实意义。2014 年习近平在经济形势专家座谈会上特别强调指出：“发展必须是遵循经济规律的科学发展，必须是遵循自然规律的可持续发展。”这为新时代背景下推动城市经济发展由粗放经济转向绿色经济转变提供了理论指导。因此，未来城市经济高质量发展中必须实现由粗放经济向绿色经济的转变，既能够响应国家建设资源节约型和环境友好型社会的诉求，也能够将绿色发展理念落地实施，对于实现城市经济高质量发展起着重要的促进作用。

8.3 城市经济高质量发展的政策建议

在全面梳理出北京、上海和深圳在城市经济高质量发展方面的探索性做法和经验以及城市经济高质量发展的基本趋向基础之上，未来的城市发展过程中，若要全面实现其高质量发展，就需要坚持五大发展理念的理论指导，并将其进行落地，方能实现高质量发展的初衷。

8.3.1 树立新发展理念，实现城市经济高质量发展

发展理念是城市政策制定的基本思路和原则，也是政府、企业和居民等市场主体采取行动的准则，因此，城市实现要实现经济高质量发展，需要转变发展理念，摒弃以往追求经济盲目扩张的发展方式，将新发展理念作为引领城市发展的核心理念，促进城市经济高质量发展。

（1）需要改变思维方式，通过加强对新发展理念的理论研究，加深对新发展理念的认识，充分发挥示范作用和典型扩散作用，摒弃传统思维方式，提倡与经济高质量发展阶段相适应的新思维模式，特别是各级政府要摒弃唯 GDP 论的政绩观念，向追求经济发展质量效率转变。要树立以人为本的发展观，不断促进人的全面发展、全体人民共同富裕，推动城市经济迈入消费升级、创新、高效、包容的可持续发展道路。同时，在实现城市经济高质量发展的过程中，需要坚持系统性思维、整体性思维，明确城市经济高质量发展的系统性特征，高度重视发展模式转变，推动经济结构优化升级，更要注意城市生态文明建设，明确生态环境保护的重要地位，逐步降低资源与环境约束。

（2）树立新发展理念，实现高质量发展需要打破行为定式，通过新的激励机制促进经济高质量发展，在转变思维方式的基础上，通过新的激励约束机制促进经济变革。一是刺激和释放人口消费增长的潜力。大力倡导健康、可持续消费观念，减少铺张浪费和不合理消费，进一步完善中低收入群体的收入再分配机制，奠定该群体可持续收入增长的基础，提升公民

消费能力，促进消费结构升级。二是促进企业创新能力现代化，提高产品质量。最大限度地保护私营企业和私营企业产权，高度赞扬企业家精神，加快实施产、学、研结合的企业技术创新体系，全方位提升企业创新管理的主动性；加强对优质品牌的培育与宣传，完善质量标准体系，逐步优化产品质量控制体系，通过加强质量管理和处罚力度，充分刺激企业提高产品质量的积极性。三是提升政府优化公共服务的积极性，深化“放管服”制度改革，持续推进服务型政府的建设，逐步完善政府内部的激励机制，提高城市治理效率。基于经济发展的实际情况，完善城市经济高质量发展指标体系，建立科学合理的政府绩效、政绩考核体系，优化负向激励机制，深度消除形式主义，充分调动各级政府官员推动城市经济高质量发展的积极性，增强其内在动力。

（3）树立新发展理念，实现高质量发展需要转变发展方式，以优质发展促进经济高质量发展。在转变整体思维方式与行为方式的转变基础上，逐步深化体制改革，按照新的发展理念优化宏观经济政策和制度环境，促进与新发展理念相契合的良好发展格局形成。一是完善创新发展和环境友好发展机制。围绕高新科学技术、重大技术创新逐步完善创新体系建设，持续强化自主创新机制，在提高理论研究水平基础上重视实践研究，推动经济向技术创新转变。二是营造协调、开放发展的良好环境。加快供求体系间的深层衔接，完善城乡、区域协调机制，改变以工业主导的经济发展模式，促进第一、第二、第三产业协调发展。借助全球化发展新浪潮，进一步优化对外开放的新机制，提升对外开放的内驱动力，持续扩大内需、积极配置全球资源以促进经济稳定增长。同时合理过渡到共享发展的新机制。创新公共服务供给模式，逐步提升公共服务供给水平，高度重视多阶收入再分配体系的建立，即推动由超高收入向中低收入转移、城市向农村转移、东部发达城市向中、西部欠发达城市转移的再分配制度形成，不断完善共享发展新制度，促进形成惠民服务、人民共享的发展模式。

8.3.2 强化创新驱动能力，加快城市经济创新发展

要积极推进区域发展体制机制创新，完善城市群布局，优化区域发展。

制度创新对推动新时代城市经济及城市群经济创新具有重要作用。在《国家新型城镇化规划（2014—2020 年）》中，也强调了为城市发展创造环境的重要性。发展是第一要务，人才是第一资源，创新是第一动力。创新驱动能力是城市经济高质量发展的重要推动力，创新发展是加快我国城市经济实现高质量发展的战略保障。首先，强化科技创新能力。作为引领发展的首要动力，创新是构建城市现代化经济体系的战略支柱。城市各级政府部门要在创造有利的创新创业环境上加大力气，持续激发企业创新的潜力，适度放权不断释放企业创新活力，营造公平公正的市场环境，在财政政策和税收政策层面给予企业充分支持，优化自身服务，给予企业发展与成长条件。同时，充分发挥创新型企业的示范带头作用，推动城市高校科研中心与创新创业基地的深度合作，并持续完善科技成果转化的体制机制。其次，加强创新人才的吸引、集聚和培养。人才是第一资源，科技创新人才是科技创新的重要驱动力，要积极借鉴国内外成功城市从人才大市到人才强市建设的宝贵经验，在制度建设和功能完善层面寻求新的突破，逐渐提升龙头企业和高精尖人才的比重，为城市创新发展营造良好的生态环境。各城市结合产业结构实际有针对性地吸引专业人才创新创业，定期组织实施产业带头人聚集活动，做好创新创业带头人队伍建设工作、完善优秀产业人才遴选机制，加快高精尖行业人才聚集。再次，营造城市经济创新发展的制度环境，探索形成城市经济特色。城市经济创新包括产业结构、交通系统、城市规划和综合配套设施创新，要将其统一纳入城市经济综合创新战略，集中力量，重点突破并解决在推进城市创新中的经济、物联网等各子系统存在的问题，并大力提供技术援助，为科技园区、工业园区等营造良好的制度环境，进而协调与周边功能板块的协调，保障人力、土地、信息等资源要素的整合利用，规避资源浪费的现象。最后，积极探索形成具有特色的城市经济创新发展模式。积极融入中国经济创新网络，并以更加开放的姿态参与其中，探讨科学领域开放合作新模式、新体制，力求通过积极参与创新管理，充分利用城市区域间的创新资源，结合城市经济发展实际，建立特色的优势创新产业，确立在不同功能和产业领域的中的战略地位，实现城市经济高质量发展。

8.3.3 优化城市规模分布，推动城市经济协调发展

优化城市规模分布，涉及不同城市之间的功能定位和自身利益，也关系到不同地方政府的利益和区域经济发展模式的创新，而这其中重点是要在处理好政府与市场的关系以及疏通要素流动通道的基础上，改善城市的基本公共服务供给质量。

（1）妥善处理好政府与市场的关系。一方面，规范政府行为，避免政府因政策偏向引致的集聚效应扭曲，防止政府的“越位”行为，充分发挥市场机制在资源配置过程中的关键性作用，始终坚持政府在优化制度环境、城市规划布局、基础设施建设与公共服务普惠化等方面的主体地位，规避政府的“缺位”行为；另一方面，要处理好中央政府与地方政府、省级政府与地市政府的关系，建立财权与事权相契合的财政税收制度，削弱特殊偏好城市和区域的过度依赖上级政府财政补贴程度，以消除因财政政策倾斜所引致的城市差距扩大。

（2）疏通要素流动通道，提升要素的空间集聚效率。一方面，破除地方保护和市场分割在要素自由流动中的阻碍作用，消除体制机制对要素自由流动的制约，降低要素流动的交易成本，促进要素布局的优化，进而提升空间集聚效率；另一方面，减少地方政府对大城市的制度性补贴，以消解大城市要素集聚的扭曲效应，疏通大中小城市之间的要素流动通道，最终达到优化要素空间布局的目的。

（3）加强中小城市基础设施建设，提升产业集聚能力。加强对中小城市基础设施建设的支持力度，为产业集聚的兴起创造基础条件，促进形成区域人口空间集聚不断优化的格局。一方面，以交通、教育、医疗等公共资源为基本面，不断强化人口集聚的条件，充分显示中小城市宜居适业的特点，吸引人口流入集聚；另一方面，建立健全产业集聚的联系机制，加强基础设施的共性与个性化建设，精准提升基本公共服务水平，促成产业集聚的金融外部性向技术外部性的转换，进而形成具有创新能力的集聚中心，实现城市经济高质量发展。

8.3.4 建立绿色低碳型城市，促进城市经济绿色发展

五大发展理念的提出为我国低碳城市的建设给予了战略指引，促进城市经济绿色发展，实现城市经济高质量发展，必须建立绿色低碳型城市。

（1）在完善低碳城市建设的体系方面，理应完善城市管理体制，进一步强化对低碳城市建设的宏观管理和引导。在建设过程中，注意国际化和本土化的相互协调，积极借鉴国外成功低碳城市建设的宝贵经验，并结合我国城市具体实践的基础上，从中央政府制定顶层设计，完善低碳城市建设的体制，制定低碳城市建设的具体标准、章程、并做好后期的评估与监督工作，对低碳城市的总体规划和具体实施路径给予充分引领。创新政策机制，合理采取不同种类的低碳政策工具。由于在低碳城市建设中所触及的利益关系纷繁复杂，在具体实施中，通过合理的政策设计，运用行政的、市场的、行为的等不同的政策手段，积极引导第三方组织、社会公众参与到低碳城市的建设中来，推动政府、企业、第三方部门与市民等多元主体的共同参与。同时，在低碳城市的建设中，不可全盘复制其他地区的经验，应基于城市发展的实际情况，科学选择适当的政策组合。中国城市经济具有明显的地域差异，发展条件参差不齐，因此，在推进低碳城市建设进程中，各城市应根据自身特点和发展规划，灵活选择和创新运用各种政策组合，系统、逐步提出符合城市经济发展规律的政策措施。

（2）促进创新城市低碳技术产业聚拢。在推进低碳城市进程中，创新低碳技术是其核心要义，低碳量的实现需要高技术的支撑，因此，要大力发展以绿色低碳为核心的产业类型，促进城市低碳产业网络和产业集群的形成，充分发挥低碳效应，切实减少碳的排放。将发展低碳产业融入城市规划编制规划要求，切实将低碳理念落到实处，加强对新能源产业的培育与投资力度，充分利用可再生资源、开发和推广绿色材料、环保建筑，形成规模性的低碳产业链、产业集群，为建设低碳城市给予技术支持。

（3）各城市应结合实际，在城市规划中建立科学的低碳城市发展标准和评价体系，并将构建的体系应用于实际，在规划中充分体现绿色低碳原则并不断更新完善。在具体的评价标准和体系中，理应包括碳排放量、低碳消耗

指标、低碳资源与碳减排政策指标等。在对城市进行绩效评价与综合实力排名中，采用低碳城市综合评价标准和指标体系。设立专门的组织机构对低碳城市建设的实际情况予以监督与评估，必要时对低碳城市的指标体系进行调整，渐进地探索出科学的、易于获取且操作性强的低碳城市建设标准和指标体系，进而促进城市经济高质量发展。

8.3.5 推动形成全面开放新格局，共创城市经济开放发展

构建全面开放的体制机制，有利于城市吸收优质资源，共创城市经济的开放发展。

（1）发挥城市中心圈的示范作用。在城市建设过程中，充分发挥中心圈的比较优势和示范功能，加强对外合作交流，与其他城市共同创建优质城市群，不断提升中心圈在城市经济发展与开放中的示范带头作用，为城市经济高质量发展奠定战略基础。逐步完善市场一体化机制，进一步推进城市基础设施的互联互通，以有效提升人员流动、贸易、投资自由化便利化水平。以城市的科技创新区为抓手，在区域内牢固树立协同发展观念，革除制约区域内创新要素流动的藩篱，携手打造科技创新园，逐步形成现代化、开放型的区域创新体系，为城市经济高质量发展提供优质的资源支撑。

（2）加强高端制造业和现代服务业开放水平。各城市应结合自身发展实际，商讨制定减少外商投资的负面清单，适度放松准入机制，加强高端制造业和现代服务业开放程度，尤其是在绿色能源、生物制药、金融保险、物流运输、信息服务、文化等行业，充分发挥吸引外资的示范效应。结合城市实际，在明晰城市优势行业基础之上，逐步放开在优势行业上的外商投资准入限制，形成可复制推广的具体管理细则。鼓励外商投资更多地进入金融、医疗、文化、电信、法律等现代服务业领域，放宽对外资进入托儿、养老、建筑设计、会计、审计等企业物流和电子商务。

（3）建立健全城市企业对外沟通机制，加强城市间的经贸合作，提高各城市间的开放合作水平。深入开展研发基地交流对话工作，利用中国从全球制造中心向全球创造中心转变的契机，加强城市间企业技术中心的对话沟通。探索城市与城市一对一合作、一对多或多对多合作，建设特色工业园区，推

动关键技术、人才培养、市场开发等领域的合作，逐步完善城市企业对外沟通机制。充分利用城市工业园区、贸易园区、合作区等载体，积极整合城市内部的优质资源，推动中小企业在相互合作的基础上“组团出城”。

8.3.6 完善城市公共服务建设，强化城市经济共享发展

完善城市公共服务建设，理应从供给侧的角度创新城市公共服务的路径，强化城市经济共享发展。

（1）完善城市服务供给内容，建立多元供给方式。政府要明晰自身职能及作用，即承担城市基础公共服务供给的托底职能，加强宏观调控、市场调节、社会治理和政府监控作用。鼓励城市公共服务主体以及方式的多元化灵活发展，并规定提供服务的程序，促进城市优质型、高质量服务供给。与此同时，精准提高城市服务供给内容，保证服务供需一致性。提高城市公共服务供给的精准度是旨在提高供需一致性的创新措施。一方面，能够识别不同区域在公共服务上的短板，直接从供给端确定与城市居民最相关、最实际的问题，“对症下药”，最大限度满足居民的期望和现实需求；另一方面，提高城市公共服务供给的针对性，切实推进基层公共服务法制基准化、基本公共服务优质均等化与包容性、一般公共服务标准化、高端公共服务市场个性化，促进公共服务“精准滴灌”。

（2）明晰服务供给的权利和责任，提高服务供给效率。合理完善的服务供给权责机制是提升城市公共服务供给公平、效率和政府公信力的关键举措。要依法赋予政府部门提供公共服务，尤其是在基础公共服务财政上的权力。推进政府公共服务职责法制化，根据城市实际建立公共服务清单制度，有效破解公共服务供给无序混乱问题。建立健全以基本公共服务投入产出指标为中心的政府绩效观念、激励机制、监控机制和惩罚机制，促进城市公共服务供给向法治化迈进，借此提高政府内外的协调和监督能力。同时，在明晰权责的基础上，激活公共服务供给思维，创新供给技术。保持公共服务供给思维的活跃性是创新服务供给技术的根本要义。要敢于打破僵化的传统服务供给技术思维，尤其是处在大数据时代下，善于运用大数据分析技术，可视化展现服务供给现状和城市市民的期望和需求，形成“服务 + 大数据”的服务

供给格局，实现城市公共服务供给的智慧化。

（3）在城市发展日益智慧化的趋势下，打破信息壁垒，确保信息的畅通流动和交换共享是保证城市经济高质量发展的关键。信息资源的开发、传播、共享和利用过程给予城市智慧化建设提供充足智力。但在信息流通过程中，其公正性、安全性、可及性，共享性等同技术作用对象的理解程度、知识水平和获取信息的渠道并不一致，存在一定的异质性，信息壁垒不可避免。城市公共服务供给中的信息壁垒不仅是信息技术问题，也关乎不同领域、行业、部门的信息数据差异化和处于利益保护的考虑。因此，有效打破信息壁垒，促进信息公正，促进信息资源的合理分配和有效利用是未来城市经济高质量发展的关键。一方面，在意识形态层面要重点关注老年人和受教育水平较低人群，持续加大对该城市群体的信息技术教育及投资。打破信息传递和流动的障碍，压缩城市公众与城市智慧化发展模式之间的适应时间，降低信息不对称带来的负面影响。另一方面，在信息共享机制上，由于大规模的专网信息资源共享的局限性，外加信息持有者的孤岛效应，信息的流畅性大打折扣，急需突破主体间界限和体制制约，促进现有信息资源的融合共享、集成与应用，充分释放信息红利，共享发展效益。

8.3.7 加强区域一体化建设，健全城市经济高质量发展的保障体系

区域经济一体化是当今区域内经济体联合发展的趋势之一，它反映了两个或多个经济体之间在区域内的要素、产品、技术等方面的联系和协作。区域经济一体化的本质是区域内各经济体通过自身资源禀赋的相对优势发挥作用，从而降低各经济体的成本，进而促进区域内各资源的合理配置以及产品的自由流动，达成尽可能联合一致，推动经济增长，共同应对外部的激烈竞争。为能够确保城市经济高质量发展效果的实现，必须健全其保障体系，为此，需要加强区域一体化建设。

（1）进一步提高政府职能作用。在区域经济一体化进程中要持续提升政府的能力，需要转变政府职能，充分发挥政府统筹作用。政府需要完善协调组织的工作机制，构造多样化的合作机制，加强区域内政府之间的沟通、协

商和合作。各经济体政府还应当转变区域治理理念，从区域经济一体化共同目标出发，摒弃市场分割和地方保护主义思想，共同推动区域经济一体化从同质化向多样化转变，构建更加开放、有序和竞争的区域经济一体化大环境，共同实现城市经济高质量发展。

（2）发挥市场配置作用。在区域经济一体化整合过程中，应当充分发挥市场配置资源的主体作用和决定性作用，提高资源利用效率。在区域内应当处理好各经济体政府与市场之间的关系，明确各经济体的定位，尽可能减少行政指令、规模性投资等手段和措施对市场经济活动的影响和干预。区域内各政府应当将自身建设成为适应区域经济一体化所需的服务型政府。

（3）进一步调整产业政策。区域经济一体化应当加强区域内各经济体产业政策的协调性和互补性，进一步调整产业政策。各地区应当引导产业结构向分工和合作的纵深发展，向差异化和高度化发展。此外，各地区还应当保持各产业适当的聚集度，做好各种管理和服务措施，避免各产业聚集程度不足或聚集过度等现象发生。

（4）增强区域协调性。区域经济一体化内各经济体的发展水平不一样，存在着发展不平衡性，这严重影响区域经济一体化整体的发展进程、经济效率、持续增长和高质量发展。因此，在区域经济一体化进程中，各经济体应当注重增强区域发展的协调性，尽力挖掘出各地区的发展潜力，通过地区合作，产业转移、技术共享、溢出效应等手段缩小各地区之间的差距，共同实现区域经济一体化和城市经济的高质量发展。

8.4 本章小结

我国已进入经济发展新时代，在社会主要矛盾发生变化的情况下，实现城市经济高质量发展已成为各级地方政府普遍关注的焦点话题。在创新、协调、绿色、开放和共享的五大发展理念基础上，本章概括梳理了北京、上海、深圳的城市经济高质量发展的具体做法和经验，并对城市经济高质量发展的基本趋向做了研判，在此基础上提出城市经济高质量发展的政策建议，为全面提高我国各城市经济发展质量搭建了基本的逻辑框架，提供了新的方向和思路。然而，在具体的实施过程中，各城市要结合具体实际，充分厘清在推进经济高质量发展过程中的优势及短板，综合考虑经济高质量发展的系统性及多元性，实施符合实际的差异化高质量发展举措，方能达到城市经济高质量发展的初衷。

第9章 研究结论与展望

9.1 研究结论

城市经济高质量发展作为经济高质量发展理念在城市领域的具体应用，越来越受到理论界和城市政府部门的高度关注，各城市均把实现高质量发展作为奋斗的目标和取向，而如何实现城市经济的高质量发展则是新时代我们必须深入考虑的核心命题。改革开放四十多年的发展历程，城市经济取得了显著的成效，经济规模总量持续增加、结构转型升级速度加快、改革开放不断深化。然而，在成效的背后隐藏着系列性的现实问题，创新动力不足、空间资源配置效率低下、公共服务供给不到位等愈发凸显，这对城市经济高质量发展产生了诸多威胁，成为城市经济高质量发展的绊脚石。这也就要求我们在未来的城市经济高质量发展过程中，高度重视并深度革除这些障碍因素，既是我们努力的方向，也是城市经济可持续运行的保障。目前，众多学者以及政府部门都对经济高质量发展提出了内涵解读和对策建议，但对于城市经济高质量发展并未形成统一的观点与看法，特别是城市经济高质量发展水平到底呈现出怎样的空间差异，且又会拥有着怎样的演化趋势，却缺乏一个系统性的实证分析。本书即是基于这一现实背景进行了系统的研究，对城市经济高质量发展做出相应的理论分析以及对空间差异、空间关联度、空间收敛性及作用因素进行实证测度，以期为中国城市经济高质量发展水平的稳步提升提供可借鉴的建议，为未来城市经济高质量发展提供参考标准与分析依据。本书得出的主要结论包括：

（1）通过对城市经济高质量发展的成效及面临挑战的系统性分析，得出综合实力显著提升、结构调整稳中有进、自主创新扎实推进、基础设施不断完善及深化改革蹄疾步稳等诸多的成效，彰显出城市经济高质量发展的雄厚基础。然而，城市经济高质量发展也面临着一些挑战，重点包括城市经济发展方式的制约、经济结构的限制、增长动力转换的乏力、空间资源的配置效率低下、技术创新面临瓶颈期的挑战、缺乏与高质量发展相适应的制度环境及营商环境优势不够突出等。这对于正确认识我国城市经济发展的现实及与经济高质量发展的目标差距奠定了实践基础。

（2）在五大发展理念的战略思想指导下，从“创新、协调、绿色、开放、共享”五大方面构建出了城市经济高质量发展水平的评价指标体系，并利用熵值法对 2008～2017 年中国 31 个省（区、市）地级及以上城市经济高质量发展水平进行了综合测度，明确出其内在的时空演化机制和差异。首先，从城市经济高质量发展的子系统来看，创新发展、协调发展、绿色发展、开放发展、共享发展水平在 2008～2017 年间均实现了稳步的提升，为城市经济高质量发展起到了一定的拉动作用；但受制于经济因素，创新发展以及共享发展在 2015 年出现了一定的下降，而协调发展和开放发展在 2014 年也经历了小幅度的下降，经过一段时间的调整后，均实现了再次提升。同时，这五大发展系统也表现出了与经济发展相似的空间格局，其东部发展水平普遍较高，而西部地区和东北地区发展相对较为滞后。其次，从城市经济高质量发展的空间差异来看，2008～2017 年间中国实现了城市经济高质量发展水平的稳步提升，且总体呈现出“东部领先、中部追赶、东北和西部滞后”的空间格局。依据城市经济高质量发展的均值，本书将其划分为低水平发展阶段、较低水平发展阶段、正常水平发展阶段、较高水平发展阶段及高水平发展阶段五个等级。其中北京和上海处于高水平发展阶段，广东、江苏和浙江处于较高水平发展阶段，山东处于正常水平发展阶段，且这三个阶段的省市均属于东部地区；天津、河北、辽宁、安徽、福建、河南、湖北、湖南、四川和陕西处于较低水平发展阶段，其中，东部地区3个，中部地区4个，西部地区2个，东北地区1个；山西、内蒙古、吉林、黑龙江、江西、广西、重庆、贵州、云南、西藏和甘肃处于低水平发展阶段，均属于中、西部和东北地区。

（3）基于探索性空间数据模型和 Moran's Ⅰ指数分析城市经济高质量发展的空间自相关性和分布演化情况得出，城市经济高质量发展在2008～2017年间存在着显著的全局空间集聚效应；但是 Moran's Ⅰ指数较低，空间自相关的特征表现不明显，其集聚程度低，整体呈弱集聚格局。而且大多数地区的城市经济高质量发展水平在地理空间上存在着明显的相互依赖性，呈现集聚的特征。

（4）实证分析城市经济高质量发展水平的空间收敛情况得出，首先，通过对城市经济高质量发展的α收敛分析，2008～2017年中国城市经济高质量发展并未出现较为明显的α收敛。α值也从2008的0.1571上升到了2017年的0.2924，表明中国的城市经济高质量发展水平的区域差异正在逐步扩大。而东部地区城市经济发展水平较高，对于经济建设的全面性以及周边地区的辐射性较好，其α值稳定的下降，表现出较为明显的收敛趋势，这也说明东部地区对于经济一体化以及区域协调发展战略的实施功效显著。中部地区由于政策导向的改善，城市经济高质量发展的α值经历了先上升后下降的过程，也就是说，2013年之后，中部地区也在经历着较为明显的收敛现象，区域之间的城市经济高质量发展差异正在逐步缩小，这与城市群和一体化战略的实施密不可分。但对于东北地区而言，城市经济高质量发展水平并未表现出较为明显的收敛现象，与全国的α值变化趋势相一致，东北地区在2008～2017年的城市经济高质量发展区域差异是发散的，这主要是由于去杠杆、去库存以及转型发展等政策的施行，对东北经济产生了较大的压力，导致当地区域间的经济情况经历了较为严重的差异。与东北地区的情况类似，西部地区也未表现出明显的收敛现象。其次，通过对城市经济高质量发展的β收敛分析，

2008～2017年中国的城市经济高质量发展存在一定的β收敛，且收敛速度在1.51%左右，并且随着时间的推移呈现出了放缓的发展趋势。就不同的时间段来看，这种收敛趋势有所不同，2008～2012年间，其β收敛系数为-0.0170，表明各地区的城市经济高质量发展水平存在一定的β收敛，其趋同速度在1.70%左右；而在2013～2017年间，β收敛速度在1.26%左右，意味着在该时点上，中国的城市经济高质量发展水平的β收敛速度在变小。最后，通过对城市经济高质量发展的俱乐部收敛分析，中国城市经济高质量发展水平的区域差异存在俱乐部收敛效应；四大经济板块自身内部的T_{pi}呈现出明显的收敛趋势，四大经济板块之间的收敛程度T_{BR}呈现出由非均衡发展到协调发展的演变趋势。从全国城市经济高质量发展水平的泰尔指数来看，T_P的变化大致分为两个阶段，在2008～2014年间，全国城市经济高质量发展水平差异的泰尔指数呈现出明显的上升趋势，2014年以来，全国城市经济高质量发展水平的差异程度在整体变化中表现出逐渐缩小的发展趋势。从俱乐部之间的差异泰尔指数来看，东部、中部、西部以及东北地区的城市经济高质量发展差异程度T_{BR}值均呈现出“倒U形”的发展趋势。东部、中部、西部和东北地区城市经济高质量发展差异程度虽然存在着一定的收敛过程，但是总体上呈现发散的趋势。从俱乐部内部城市之间的差异泰尔指数来看，十年间，东部和中部区域内城市经济高质量发展差异值处于逐年下降的发展趋势，表明这两大区域内的经济高质量发展水平的差异逐年缩小，区域内出现了较为明显的收敛迹象；东北地区城市经济高质量发展水平差异呈现出发散的趋势；西部地区城市经济高质量发展水平差异呈现收敛趋势，但幅度不大。

(5) 实证分析了城市经济高质量发展的作用因素，甄别出其作用方向和作用力度，为未来城市经济高质量发展明确了路径。研究结论如下：首先，从全国层面城市经济高质量发展的作用因素来看，非农人口水平、经济规模水平、消费水平、政府干预水平、外资利用水平、科技发展水平对城市经济高质量发展具有正向促进作用；劳动生产率水平、人口密集度与环境污染水平对城市经济高质量发展具有负向阻碍作用，在未来的城市经济高质量发展中，如何全面提升并释放正向作用因素的功效，深度革除负向阻碍作用因素的不利影响，对于实现城市经济高质量发展的目标具有关键性作用。其次，从四大经济板块城市经济高质量发展的作用因素来看，各个板块均表现为不同的作用因素。对于东部地区而言，经济规模水平、政府干预水平、科技创新水平对其城市经济高质量发展具有正向促进作用，劳动生产率水平和人口密集度具有负向阻碍作用；对于中部地区而言，政府干预水平和科技创新水平对其城市经济高质量发展具有正向促进作用，人口密集度和环境污染水平具有负向阻碍作用；对于西部地区而言，经济规模水平、政府干预水平、人口密集度、科技创新水平对其城市经济高质量发展具有正向促进作用，消费水平、劳动生产率水平和环境污染水平具有负向阻碍作用；对于东北地区而言，非农人口水平、政府干预水平、外资利用水平对其城市经济发展高质量水平具有正向促进作用，人口密集度具有负向阻碍作用。因此，四大经济板块应在合理认识各自作用因素的基础之上，科学制定出具有针对性和可操作性的政策建议，以期为实现城市经济高质量发展贡献力量。

（6）归纳概括出国内典型城市在经济高质量发展方面的经验，并对城市经济高质量发展的基本趋向做了研判，在此基础上提出具有针对性和可操作性的城市经济高质量发展的政策建议。认为未来城市经济的高质量发展应呈现由数量追赶向质量追赶转变、规模扩张向结构升级转变、要素驱动向创新驱动转变、粗放经济向绿色经济转变的基本趋向。若要全面推动城市经济高质量发展必须从树立新发展理念、强化创新驱动能力、优化城市规模分布、推动形成全面开放新格局及完善城市公共服务建设等方面制定出科学有效的政策建议。在今后的高质量发展进程中，应基于我国城市经济发展实际，吸取国内典型城市的先进经验及方法，持续优化城市经济高质量发展的宏观环境，全方位提升“创新、协调、绿色、开放、共享”的发展水平，进而为实现城市经济高质量发展做出行动贡献和策略贡献。

9.2 未来研究展望

本书主要采用了理论分析与实证分析、比较分析与归纳分析、借鉴分析与文献分析相结合的研究方法，首先探索性搭建了城市经济高质量发展的理论分析框架，在此基础上，通过熵值法对全国31个省（区、市）地级及以上城市经济高质量发展水平进行实证测度，同时对城市经济高质量发展的空间收敛性进行实证分析，进而结合国内城市的实践成效制定出具有针对性和可操作性的政策建议，这也为本书开展深入研究提供了可参考的现实意义。但未来城市经济高质量发展中如何进一步提升发展水平，并将五大发展理念持续深度融入城市经济高质量发展中，则需要进一步完善理论建设与实践成效。因此如下两部分的研究内容，对提升我国城市经济高质量发展水平具有重要的现实意义，也将成为未来研究需要继续深化的地方。

（1）城市等级与城市经济高质量发展水平之间的关系。对于城市经济高质量发展的综合水平和各子系统水平的测度是基于全国31个省（区、市）地级及以上城市的角度进行，并没有全面考虑到城市等级，直观的感觉应是相对于中小城市而言，由于资源要素、创新水平及公共基础设施等的完善性，大城市的经济高质量发展水平自然也就越高。这种直观感觉是否能够真的成立，理性的结果与感性的认识是否吻合，需要有一个实证性的检验。也即城市等级与城市经济高质量发展水平之间的关系需要进行一个系统性的补充研究，这事关我国未来城市建设的方向和价值判断，具有重要的引导价值与参考意义。已有的研究并未涉及这一点，后续的研究中会持续关注这一话题，并对这一话题展开全面的分析与探讨。

（2）城市经济高质量发展中各子系统的内在逻辑关系。“创新、协调、绿色、开放、共享”的五大发展理念是城市经济高质量发展的核心特征，也构成城市经济高质量发展的理论指导。对于城市经济高质量发展水平的测度也是基于五大发展理念而进行，虽然本书通过熵值法进行客观赋权的形式测算出了各个子系统和综合得分，也分析了各自的时空差异状态，但是这五个子系统之间的内在逻辑关系是怎样的，耦合协调程度如何，缺乏一个系统性的实证检验。因此，未来的研究和学习中，将会继续对这一话题进行深度挖掘，弄清楚各子系统之间到底存在着何种内在逻辑关系，对于实现城市经济的高质量发展具有重要的推动作用。

总之，随着我国城市发展水平的不断提升，城市化进程不断加速，各种以交通拥堵、环境污染、收入差距扩张及公共服务供给质量下降等为特征的城市病不断涌现，这对城市经济高质量发展产生了重大的阻碍作用。因此，未来的经济发展中必须对城市经济高质量发展引起足够的重视，也将成为理论界和城市政府部门关注的重点领域。本书通过对城市经济高质量发展相关问题的深入分析，将为未来城市经济高质量发展的战略制定提供新的研究视角，也为城市经济的可持续运行提供理论和实践保障，助推实现城市经济的高质量发展。

参考文献

[1] 阿瑟·刘易斯. 经济增长理论 [M]. 伦敦: 艾伦与昂温出版社, 1957.

[2] 白桦, 谭德庆. 内陆国家级中心城市经济发展路径研究: 基于内陆自贸区视角 [J]. 经济问题探索, 2018 (10): 115-121.

[3] 钞小静. 经济增长质量: 一种理论解释及中国的实证分析 [D]. 西安: 西北大学, 2009.

[4] 车冰清, 朱传耿, 孟召宜, 等. 江苏经济社会协调发展过程、格局及机制 [J]. 地理研究, 2012 (5): 909-921.

[5] 陈昌兵. 新时代我国经济高质量发展动力转换研究 [J]. 上海经济研究, 2018 (5): 16-24.

[6] 陈长江. 江苏高质量发展水平测度与提升策略 [J]. 南通大学学报 (社会科学版), 2019 (3): 35-42.

[7] 陈冲, 吴炜聪. 消费结构升级与经济高质量发展: 驱动机理与实证检验 [J]. 上海经济研究, 2019 (6): 59-71.

[8] 陈德铭. 经济高质量发展的国际环境和战略机遇 [J]. 南京大学学报 (哲学·人文科学·社会科学), 2018 (4): 5-9, 157.

[9] 陈诗一, 陈登科. 雾霾污染、政府治理与经济高质量发展 [J]. 经济研究, 2018 (2): 20-34.

[10] 陈诗一, 陈登科. 中国资源配置效率动态演化: 纳入能源要素的

新视角［J］. 中国社会科学，2017（4）：67－83，206－207.

［11］陈再齐，李震，杨志云. 国际视角下经济高质量发展的实现路径及制度选择［J］. 学术研究，2019（2）：79－86.

［12］程恩富. 论新常态下的五大发展理念［J］. 南京财经大学学报，2016（1）：1－7.

［13］程虹，高诗雅. 新中国70年经济发展质量：制度红利与人口红利的叠加效应［J］. 宏观质量研究，2019（2）：1－29.

［14］程启智，马建东. 中国西部地区经济发展质量评价：2006—2017年［J］. 云南财经大学学报，2019（4）：50－58.

［15］迟福林. 以高质量发展为核心目标建设现代化经济体系［J］. 行政管理改革，2017（12）：4－13.

［16］迟福林. 转向高质量发展，要突出强调动力变革［J］. 环境经济，2018（5）：38－41.

［17］狄乾斌，韩帅帅，韩增林. 中国地级以上城市经济承载力的空间格局［J］. 地理研究，2016（2）：337－352.

［18］丁涛，顾金亮. 科技创新驱动江苏地区经济高质量发展的路径研究［J］. 南通大学学报（社会科学版），2018（4）：41－46.

［19］董志强，魏下海，汤灿晴. 制度软环境与经济发展：基于30个大城市营商环境的经验研究［J］. 管理世界，2012（4）：9－20.

［20］豆建民，刘叶. 生产性服务业与制造业协同集聚是否能促进经济增长：基于中国285个地级市的面板数据［J］. 现代财经，2016（4）：92－102.

［21］杜爱国. 中国经济高质量发展的制度逻辑与前景展望［J］. 学习与实践，2018（7）：5－13.

［22］冯俏彬. 我国经济高质量发展的五大特征与五大途径［J］. 中国党政干部论，2018（1）：59－61.

［23］冯云廷. 城市经济学［M］. 大连：东北财经大学出版社，2018.

［24］付文飙，鲍曙光. 经济高质量发展与财政金融支持政策研究新进展［J］. 学习与探索，2018（7）：118－125.

［25］高洁. 城市经济发展与金融支持的关系研究：以陕西省渭南市为

例 [J]. 统计与信息论坛，2016 (4)：52 -57.

[26] 高培勇，杜创，刘霞辉，等．高质量发展背景下的现代化经济体系建设：一个逻辑框架 [J]. 经济研究，2019 (4)：4 -17.

[27] 高淑桂．实现高质量发展的核心驱动因素研究 [J]. 宏观经济管理，2018 (9)：63 -68，77.

[28] 高树华，张文松．基于创新资源的煤炭资源型城市经济增长研究 [J]. 湘潭大学学报 (哲学社会科学版)，2017 (6)：76 -80.

[29] 古杰，齐兰兰，周素红．国内外城市时空间结构研究的渊源及述评 [J]. 世界地理研究，2016 (3)：69 -79.

[30] 谷国锋，王建康，刘多，等．东北地区经济发展与环境协调关系的实证分析 [J]. 华东经济管理，2016 (1)：63 -70.

[31] 郭湖斌，邓智团．新常态下长三角区域经济一体化高质量发展研究 [J]. 经济与管理，2019 (4)：22 -30.

[32] 郭周明，张晓磊．高质量开放型经济发展的内涵与关键任务 [J]. 改革，2019 (1)：43 -53.

[33] 韩江波．创新驱动经济高质量发展：要素配置机理与战略选择 [J]. 当代经济管理，2019 (8)：6 -14.

[34] 韩君，张慧楠．中国经济高质量发展背景下区域能源消费的测度 [J]. 数量经济技术经济研究，2019 (7)：42 -61.

[35] 韩士元．城市经济发展质量探析 [J]. 天津社会科学，2005 (5)：83 -85.

[36] 韩士元．论城市经济发展的一般规律 [J]. 天津社会科学，2003 (5)：96 -99.

[37] 郝寿义，倪鹏飞．中国城市竞争力研究：以若干城市为案例 [J]. 经济科学，1998 (3)：50 -56.

[38] 何宏庆．科技金融驱动经济高质量发展：现实困境与路径选择 [J]. 广西社会科学，2018 (12)：90 -95.

[39] 何宏庆．数字金融：经济高质量发展的重要驱动 [J]. 西安财经学院学报，2019 (2)：45 -51.

[40] 何立峰．深入贯彻新发展理念　推动中国经济迈向高质量发展

[J]. 宏观经济管理，2018 (4)：4 –5，14.

[41] 何伟. 中国区域经济发展质量综合评价 [J]. 中南财经政法大学学报，2013 (4)：49 –57.

[42] 赫尔曼·哈肯. 高等协向理论 [M]. 北京：科学出版社，1989.

[43] 洪宇，马成文. 我国经济高质量发展指数构建与测度 [J]. 统计与决策，2020 (13)：21 –25.

[44] 侯为民. 正确认识中国经济高质量发展阶段的微观基础 [J]. 当代经济研究，2018 (12)：19 –25，99，2.

[45] 胡敏. 高质量发展要有高质量考评 [N]. 中国经济时报，2018 –01 –18.

[46] 胡艳，唐磊，蔡弘. 城市群内部城市间竞争和合作对城市经济发展的影响：基于空间溢出效应对长三角城市群的实证检验 [J]. 西部论坛，2018 (1)：76 –83.

[47] 胡志平. 经济高质量发展的公共服务动力 [J]. 社会科学研究，2018 (6)：42 –50.

[48] 黄聪英. 中国实体经济高质量发展的着力方向与路径选择 [J]. 福建师范大学学报（哲学社会科学版），2019 (3)：51 –61，168.

[49] 黄群慧. 改革开放40年经济高速增长的成就与转向高质量发展的战略举措 [J]. 经济论坛，2018 (7)：14 –17.

[50] 黄妍妮，魏守华，郑建锋. 经济发展水平、政府资源配置与城市群集中度：来自中国十大城市群的经验证据 [J]. 经济问题探索，2019 (3)：77 –83.

[51] 金碚. 关于“高质量发展”的经济学研究 [J]. 中国工业经济，2018 (4)：5 –18.

[52] 景光正，李平，许家云. 金融结构、双向FDI与技术进步 [J]. 金融研究，2017 (7)：62 –77.

[53] 卡马耶夫. 经济增长的速度和质量 [M]. 武汉：湖北人民出版社，1983.

[54] 柯善咨，韩峰. 中国城市经济发展潜力的综合测度和统计估计 [J]. 统计研究，2013 (3)：64 –71.

[55] 赖俊明，徐保红，陈稼瑜，等．城市可持续性指数对中国区域经济发展的影响 [J]．技术经济，2019 (2)：100 – 111.

[56] 李红，王彦晓．金融集聚、空间溢出与城市经济增长：基于中国286个城市空间面板杜宾模型的经验研究 [J]．国际金融研究，2014 (2)：89 – 96.

[57] 李辉．大数据推动我国经济高质量发展的理论机理、实践基础与政策选择 [J]．经济学家，2019 (3)：52 – 59.

[58] 李金叶，许朝凯．中亚国家经济发展质量评价体系研究 [J]．上海经济研究，2017 (6)：101 – 109.

[59] 李磊，张贵祥．京津冀城市群发展质量评价与空间分析 [J]．地域研究与开发，2017 (5)：39 – 43，56.

[60] 李巧华．新时代制造业企业高质量发展的动力机制与实现路径 [J]．财经科学，2019 (6)：57 – 69.

[61] 李香菊，杨欢．助推我国经济高质量发展的税收优化研究 [J]．税务研究，2019 (5)：18 – 24.

[62] 李永友．基于江苏个案的经济发展质量实证研究：兼与浙江、上海的比较分析 [J]．中国工业经济，2008 (6)：138 – 147.

[63] 李永友．经济发展质量的实证研究：江苏的经验：基于经济发展质量指标体系的分析 [J]．财贸经济，2008 (8)：113 – 118.

[64] 李豫新，王振宇．"丝绸之路经济带"背景下经济发展质量影响因素分析 [J]．统计与决策，2017 (21)：126 – 130.

[65] 廖祖君，王理．城市蔓延与区域经济高质量发展：基于 DMSP/OLS 夜间灯光数据的研究 [J]．财经科学，2019 (6)：106 – 119.

[66] 林春，孙英杰，刘融冰．财政分权与中国金融高质量发展：基于资源配置效率视角 [J]．学习与实践，2018 (8)：5 – 16.

[67] 刘宏，乔晓．创新模式"换角"驱动高质量经济发展 [J]．经济问题探索，2019 (6)：32 – 41.

[68] 刘建国，张妍，黄杏灵．中国人文地理学区域空间结构研究的主要领域及展望 [J]．地理科学，2019 (6)：874 – 885.

[69] 刘戒骄．增强要素流动促进民营经济高质量发展 [J]．经济纵横，

2019 (4): 45 –51, 2.

[70] 刘金全, 张龙. 我国财政政策对经济增长质量的动态效应分析 [J]. 财经论丛, 2019 (7): 23 –34.

[71] 刘雷, 张华. 山东省城市化效率与经济发展水平的时空耦合关系 [J]. 经济地理, 2015 (8): 75 –82.

[72] 刘思明, 张世瑾, 朱惠东. 国家创新驱动力测度及其经济高质量发展效应研究 [J]. 数量经济技术经济研究, 2019 (4): 3 –23.

[73] 刘伟江, 王虎邦. 地方债务对经济高质量发展的影响分析 [J]. 云南财经大学学报, 2018 (10): 73 –85.

[74] 刘怡君, 王丽, 牛文元. 中国城市经济发展与能源消耗的脱钩分析 [J]. 中国人口·资源与环境, 2011 (1): 70 –77.

[75] 刘迎秋. 四大对策应对高质量发展四大挑战 [N]. 中华工商时报, 2018 –01 –23.

[76] 刘友金, 周健. "换道超车": 新时代经济高质量发展路径创新 [J]. 湖南科技大学学报 (社会科学版), 2018 (1): 49 –57.

[77] 刘志彪. 强化实体经济推动高质量发展 [J]. 产业经济评论, 2018 (2): 5 –9.

[78] 鲁永刚, 张凯. 资源依赖、政府效率与经济发展质量 [J]. 经济与管理研究, 2019 (1): 3 –13.

[79] 吕守军, 代政. 新时代高质量发展的理论意蕴及实现路径 [J]. 经济纵横, 2019 (3): 16 –22.

[80] 罗楚亮. 居民收入差距与经济高质量发展 [J]. 湘潭大学学报 (哲学社会科学版), 2019 (4): 51 –57.

[81] 罗党论, 高妙媛. 经济发展、城市质量与民生支出 [J]. 当代经济管理, 2014 (4): 54 –62.

[82] 罗宣, 周梦娣, 王翠翠. 长三角地区经济增长质量综合评价 [J]. 财经问题研究, 2018 (4): 123 –129.

[83] 马建堂. 数字经济: 助推实体经济高质量发展 [J]. 新经济导刊, 2018 (6): 10 –12.

[84] 马静, 李小帆, 张红. 长江中游城市群城市发展质量系统协调性

研究［J］．经济地理，2016（7）：53－61.

［85］马茹，罗晖，王宏伟，等．中国区域经济高质量发展评价指标体系及测度研究［J］．中国软科学，2019（7）：60－67.

［86］马茹，张静，王宏伟．科技人才促进中国经济高质量发展了吗?：基于科技人才对全要素生产率增长效应的实证检验［J］．经济与管理研究，2019（5）：3－12.

［87］马昱，邱菀华，王昕宇．城市基础设施、技术创新与区域经济发展：基于中介效应与面板门槛模型分析［J］．工业技术经济，2019（8）：116－123.

［88］迈克尔·波特．竞争论［M］．高登第，等译．北京：中信出版社，2003.

［89］孟德友，李小建，陆玉麒，等．长江三角洲地区城市经济发展水平空间格局演变［J］．经济地理，2014（2）：50－57.

［90］裴广一，黄光于．高质量发展视野下供给侧结构性改革：问题与对策［J］．宁夏社会科学，2018（4）：38－45.

［91］蒲晓晔，Jarko Fidrmuc．中国经济高质量发展的动力结构优化机理研究［J］．西北大学学报（哲学社会科学版），2018（1）：113－118.

［92］邱兆祥，刘永元．维护金融稳定 助力实体经济高质量发展［J］．理论探索，2018（6）：75－81.

［93］任保平，钞小静，魏婕．中国经济增长质量发展报告（2014）［M］．北京：中国经济出版社，2014.

［94］任保平，韩璐，崔浩萌．进入新常态后中国各省区经济增长质量指数的测度研究［J］．统计与信息论坛，2015（8）：9－13.

［95］任保平，李禹墨．新时代我国高质量发展评判体系的构建及其转型路径［J］．陕西师范大学学报（哲学社会科学版），2018（3）：8－13.

［96］任保平，魏婕，郭晗，等．超越数量－质量经济学的范式与标准研究［M］．北京：人民出版社，2017.

［97］任保平，文丰安．新时代中国高质量发展的判断标准、决定因素与实现途径［J］．改革，2018（4）：5－16.

［98］任保平．新时代我国制造业高质量发展需要坚持的六大战略［J］．

人文杂志，2019（7）：31－38.

［99］任保平．新时代中国经济从高速增长转向高质量发展：理论阐释与实践取向［J］．学术月刊，2018（3）：66－74.

［100］邵帅，范美婷，杨莉莉．资源产业依赖如何影响经济发展效率？——有条件资源诅咒假说的检验及解释［J］．管理世界，2013（2）：32－63.

［101］沈坤荣，赵亮．重构高效率金融市场推动经济高质量发展［J］．中国特色社会主义研究，2018（6）：35－41.

［102］师博，樊思聪．中国省际经济高质量发展潜力测度及分析［J］．东南学术，2020（4）：169－179.

［103］师博，任保平．中国省际经济高质量发展的测度与分析［J］．经济问题，2018（4）：1－6.

［104］师博，张冰瑶．全国地级以上城市经济高质量发展测度与分析［J］．社会科学研究，2019（3）：19－27.

［105］史丹，赵剑波，邓洲．推动高质量发展的变革机制与政策措施［J］．财经问题研究，2018（9）：19－27.

［106］宋明顺，张霞，易荣华，等．经济发展质量评价体系研究及应用［J］．经济学家，2015（2）：35－43.

［107］孙铁山．中国三大城市群集聚空间结构演化与地区经济增长［J］．经济地理，2016（5）：63－70.

［108］孙祥栋，张亮亮，赵峥．城市集聚经济的来源：专业化还是多样化：基于中国城市面板数据的实证分析［J］．财经科学，2016（2）：113－122.

［109］汤旖璆．我国城市经济发展与环境规制关系研究：财政分权下地级市政府环境规制效果分析［J］．价格理论与实践，2017（9）：144－147.

［110］唐柳，俞乔，鲜荣生．经济发展方式的“两级转变”：基于协同论的分析［J］．管理世界，2014（5）：172－173.

［111］田国强．中国经济高质量发展的政策协调与改革应对［J］．学术月刊，2019（5）：32－38.

［112］田秋生．高质量发展的理论内涵和实践要求［J］．山东大学学报

（哲学社会科学版），2018（6）：1－8.

［113］托马斯·维诺德，等．增长的质量［M］．北京：中国财政经济出版社，2001.

［114］王贵友．从混沌到有序：协同学简介［M］．湖北：湖北人民出版社，1987.

［115］王珺．以高质量发展推进新时代经济建设［J］．南方经济，2017（10）：10－13.

［116］王立韬，仇方道，郑紫颜．再生性资源型城市经济高质量发展评价及影响因素：以徐州市为例［J］．资源开发与市场，2019（7）：935－941.

［117］王立志．基于高质量发展的质量治理博弈研究［J］．当代经济管理，2019（9）：24－28.

［118］王青，金春．中国城市群经济发展水平不平衡的定量测度［J］．数量经济技术经济研究，2018（11）：77－94.

［119］王伟光．当代中国马克思主义的最新理论成果：习近平新时代中国特色社会主义思想学习体会［J］．中国社会科学，2017（12）：4－30.

［120］王夏晖，何军．生态环保推动中国经济高质量发展的路径与行动［J］．环境保护，2018（11）：7－10.

［121］王雄飞，李香菊，杨欢．中国经济高质量发展下财政模式创新与政策选择［J］．当代财经，2018（11）：25－34.

［122］王雅莉，张明斗．城市经济学［M］．北京：中国财政经济出版社，2017.

［123］王艺明，刘一鸣．马克思主义两大部类经济增长模型的理论与实证研究［J］．经济研究，2018（9）：37－51.

［124］王永昌，尹江燕．论经济高质量发展的基本内涵及趋向［J］．浙江学刊，2019（1）：91－95.

［125］王蕴，姜雪，盛雯雯．经济高质量发展的国际比较［J］．宏观经济管理，2019（5）：5－11.

［126］魏博通，王圣云．中部六省经济发展质量的综合评价与比较分析［J］．湖北社会科学，2012（12）：52－55.

［127］魏蓉蓉．金融资源配置对经济高质量发展的作用机理及空间溢出

效应研究［J］. 西南民族大学学报（人文社科版），2019（7）：116－123.

［128］温晓琼，周亚雄. 我国资源枯竭型城市经济发展的制约因素［J］. 城市问题，2013（1）：40－44.

［129］邬丽萍. 产业专业化、多样化对城市群经济增长的影响［J］. 财经理论与实践，2012（5）：96－100.

［130］向宁. 中国城市可持续发展态势分类评价［J］. 科技进步与对策，2018（10）：121－129.

［131］肖红叶，李腊生. 我国经济增长质量的实证分析［J］. 统计研究，1998（4）：8－14.

［132］肖滢，马静. 科技创新、人力资本与城市发展质量的实证分析［J］. 统计与决策，2018（16）：169－172.

［133］肖周燕. 中国高质量发展的动因分析：基于经济和社会发展视角［J］. 软科学，2019（4）：1－5.

［134］谢尚，邓宏兵. 长江中游城市群发展质量评价［J］. 统计与决策，2018（14）：55－58.

［135］徐春华. 城市发展质量研究综述［J］. 兰州学刊，2009（3）：79－83.

［136］徐娟，常金华，黎娇龙. 经济增长的环境成本及国民健康：一个国际比较的视角［J］. 南方经济，2016（7）：32－47.

［137］徐君，李巧辉，王育红. 供给侧改革驱动资源型城市转型的机制分析［J］. 中国人口·资源与环境，2016（10）：53－60.

［138］徐梦冉，贺灿飞，刘鑫. 大型企业增长与城市发展之间的互动关系［J］. 城市发展研究，2018（3）：88－96.

［139］徐明焕. 关于发展质量安全型经济的思考［J］. 宏观经济管理，2013（10）：40－41.

［140］徐现祥，李书娟，王贤彬，等. 中国经济增长目标的选择：以高质量发展终结“崩溃论”［J］. 世界经济，2018（10）：3－25.

［141］徐学敏. 发展经济重在质量［J］. 财经问题研究，1998（12）：10－12.

［142］徐盈之，童皓月. 金融包容性、资本效率与经济高质量发展［J］.

宏观质量研究，2019（2）：114－130.

［143］徐忠．经济高质量发展阶段的中国货币调控方式转型［J］．金融研究，2018（4）：1－19.

［144］许弟伟，龚飒．经济高质量发展模式下资本市场发展的着力点［J］．宏观经济管理，2019（1）：65－70.

［145］许永兵．河北省经济发展质量评价：基于经济发展质量指标体系的分析［J］．河北经贸大学学报，2013（1）：58－65.

［146］亚当·斯密．国民财富的性质和原因的研究［M］．北京：商务印书馆，1972.

［147］杨继瑞，薛晓．“一带一路”口岸经济要素协同机制构建研究［J］．经济纵横，2016（12）：53－58.

［148］杨家本．系统工程概论［M］．湖北：武汉理工大学出版社，2002.

［149］杨伟民．贯彻中央经济工作会议精神推动高质量发展［J］．宏观经济管理，2018（2）：13－17.

［150］杨扬，余壮雄，舒元．经济集聚与城市经济增长：来自中国城市的经验证据［J］．当代经济科学，2010（5）：113－118，128.

［151］于斌斌．产业结构调整与生产率提升的经济增长效应：基于中国城市动态空间面板模型的分析［J］．中国工业经济，2015（12）：83－98.

［152］于涛方，顾朝林，涂英时．新时期的城市和城市竞争力［J］．城市规划汇刊，2001（4）：12－14，17－19.

［153］余泳泽，杨晓章，张少辉．中国经济由高速增长向高质量发展的时空转换特征研究［J］．数量经济技术经济研究，2019（6）：3－21.

［154］袁晓玲，景行军，赵志华，等．区域经济增长质量评价体系的构建：基于陕西省1998—2014年数据的实证分析［J］．统计与信息论坛，2017（6）：42－47.

［155］岳书敬，邹玉琳，胡姚雨．产业集聚对中国城市绿色发展效率的影响［J］．城市问题，2015（10）：49－54.

［156］曾丽君，隋映辉．中国资源型城市循环经济发展水平的聚类实证研究［J］．中国人口·资源与环境，2011（3）：143－149.

[157] 詹新宇，崔培培．中国省际经济增长质量的测度与评价：基于“五大发展理念”的实证分析 [J]. 财政研究，2016 (8)：8－16.

[158] 詹新宇，苗真子．地方财政压力的经济发展质量效应：来自中国282个地级市面板数据的经验证据 [J]. 财政研究，2019 (6)：57－71.

[159] 张红．长江经济带经济发展质量测度研究 [J]. 上海金融，2015 (12)：19－24.

[160] 张宏雷，阮俊虎，王莉敏．中国城市经济发展水平比较研究：基于环境友好视角 [J]. 财经理论与实践，2015 (5)：108－113.

[161] 张建刚．推动我国经济迈向高质量发展 [J]. 红旗文稿，2018 (10)：23－24.

[162] 张军扩，侯永志，刘培林，等．高质量发展的目标要求和战略路径 [J]. 管理世界，2019 (7)：1－7.

[163] 张军扩．加快形成推动高质量发展的制度环境 [J]. 中国发展观察，2018 (1)：5－8.

[164] 张俊山．对经济高质量发展的马克思主义政治经济学解析 [J]. 经济纵横，2019 (1)：36－44.

[165] 张立群．中国经济发展和民生改善进入高质量时代 [J]. 人民论坛，2017 (35)：66－67.

[166] 张明斗，冯晓青．韧性城市：城市可持续发展的新模式 [J]. 郑州大学学报（哲学社会科学版），2018 (2)：59－63.

[167] 张明斗，冯晓青．中国城市韧性水平综合评价 [J]. 城市问题，2018 (10)：27－36.

[168] 张明斗，王雅莉．城市网络化发展的空间格局演变与结构体系研究 [J]. 城市发展研究，2018 (2)：55－60.

[169] 张明斗．新型城镇化的深度发展及政策思路创新研究 [J]. 城市发展研究，2016 (5)：10－15.

[170] 张明斗．新型城镇化与城市可持续发展 [M]. 北京：中国财政经济出版社，2014.

[171] 张明斗，徐美玲．城市经济高质量发展的结构体系与路径协同研究 [J]. 青岛科技大学学报（社会科学版），2020 (2)：1－5.

[172] 张为付，张二震．对提高南京城市综合竞争力若干问题的研究［J］．南京社会科学，2001（2）：5－13.

[173] 张月友，董启昌，倪敏．服务业发展与“结构性减速”辨析：兼论建设高质量发展的现代化经济体系［J］．经济学动态，2018（2）：23－35.

[174] 张云云，张新华，李雪辉．经济发展质量指标体系构建和综合评价［J］．调研世界，2019（4）：11－18.

[175] 张震，刘雪梦．新时代我国15个副省级城市经济高质量发展评价体系构建与测度［J］．经济问题探索，2019（6）：20－31，70.

[176] 赵大全．实现经济高质量发展的思考与建议［J］．经济研究参考，2018（1）：7－9，48.

[177] 赵倩，沈坤荣．以城市群建设推动区域经济高质量发展研究［J］．经济纵横，2018（9）：92－98.

[178] 赵通，任保平．金融资本和产业资本融合促进实体经济高质量发展的模式选择［J］．贵州社会科学，2018（10）：112－117.

[179] 赵晓霞．金融集聚视角下的中国大城市经济增长方式探究［J］．管理世界，2014（5）：174－175.

[180] 赵英才，张纯洪，刘海英．转轨以来中国经济增长质量的综合评价研究［J］．吉林大学社会科学学报，2006（3）：27－35.

[181] 周文，李思思．高质量发展的政治经济学阐释［J］．政治经济学评论，2019（4）：43－60.

[182] 周小亮．供给侧结构性改革提升经济发展质量的理论思考［J］．当代经济研究，2019（3）：32－40，113.

[183] 周振华．经济高质量发展的新型结构［J］．上海经济研究，2018（9）：31－34.

[184] 朱承亮．中国地区经济差距的演变轨迹与来源分解［J］．数量经济技术经济研究，2014（6）：36－54.

[185] 朱方明，刘丸源．马克思的经济发展理论与西方经济发展理论比较：兼论中国经济高质量发展的路径［J］．政治经济学评论，2019（1）：54－72.

[186] 祝捷，李倩，蔡雪雄．基于经济水平指标的城市发展评价：以海

峡西岸经济区20城市为例［J］. 经济问题，2017（12）：114－117.

［187］邹国伟，朱文涛. 经济高质量发展视野下的城市地价与企业研发投入［J］. 广东财经大学学报，2018（6）：70－79.

［188］Alberto B. Financial and Capital Account Liberalization, Financial Development and Economic Development: A Review of Some Recent Contributions［J］. Forum for Social Economics, 2018（3）：362－377.

［189］Andreja Nekrep, Sebastjan Strašek, Darja Boršič. Productivity and Economic Growth in the European Union: Impact of Investment in Research and Development［J］. Naše Gospodarstvo/Our Economy, 2018（1）：18－27.

［190］Barro R J. Quantity and Quality of Economic Growth［R］. Working Papers Central Bank of Chile from Central Bank of Chile, 2002.

［191］Berry B. City Classification Handbook: Methods and Application［M］. New York: John Wiley & Son, 1971.

［192］Chenery H B. Patterns of Development: 1950－1970［M］. Oxford University Press, 1957.

［193］Chorianopoulos I, Pagonis T, Koukoulas S. Planning, Competitiveness and Sprawl in the Mediterranean City: The Case of Athens［J］. Cities, 2010（27）：249－259.

［194］Dinh T V, Nguyen H L. The Impacts of Financial Inclusion on Economic Development: Cases in Asian-Pacific Countries［J］. Comparative Economic Research, 2019（1）：7－16.

［195］Şekip Yazgan, Ömer Yalçinkaya. The Effects of Research and Development（R&D）Investments on Sustainable Economic Growth: Evidence from OECD Countries（1996－2015）［J］. Review of Economic Perspectives, 2018（1）：3－23.

［196］Erik L. Land Assembly for Urban Transformation: The Case of S－Hertogenbosch in the Netherlands［J］. Land Use Policy, 2008（1）：69－80.

［197］Erzi Tang, Chong Peng, Yilan Xu. Changes of Energy Consumption with Economic Development when an Economy becomes More Productive［J］. Journal of Cleaner Production, 2018（196）：788－795.

[198] Frank P, Heinz W. Economic Development and Material Use: Evidence from International Panel Data [J]. World Development, 2019 (115): 107 - 119.

[199] Fuzhan Xie. China's Economic Development and Development Economics Innovation [J]. Social Sciences in China, 2019 (2): 100 - 110.

[200] Godschalk D R. Urban Hazard Mitigation: Creating Resilient Cities [J]. Natural Hazards Review, 2003 (3): 136 - 143.

[201] Henderson V. A Theory of Urban Growth [J]. Journal of Political Economy, 1999 (2): 252 - 284.

[202] Hoch I. Income and City Size [J]. Urban Studies, 1972 (3): 299 - 328.

[203] Janina Gabroveanu Vladoi. The Contribution of the Social Economy to the Economic Development [J]. Timisoara Journal of Economics and Business, 2018 (2): 121 - 134.

[204] Kaitlyn R, Harger A R. What Matters the Most for Economic Development? Evidence from the Community Development Financial Institutions Fund [J]. Papers in Regional Science, 2019 (2): 883 - 904.

[205] Kunofiwa T, Adam N. Infrastructure, Human Capital Development and Economic Growth in Transitional Countries [J]. Comparative Economic Research, 2019 (1): 33 - 52.

[206] Lhamsuren K, Choijiljav T. Taking Action on the Social Determinants of Health: Improving Health Access for the Urban Poor in Mongolia [J]. International Journal for Equity in Health, 2012 (11): 1 - 13.

[207] Lianfa Li, Xuezheng Qin. Institutions, Reforms and Economic Development in China [J]. China Economic Review, 2017 (11): 275 - 276.

[208] Lucas R E. On the Mechanics of Economic Development [J]. Journal of Monetary Economics, 1988 (2): 3 - 42.

[209] Luukkanen J, Kaivo-Oja J. Green Economic Development in Lao PDR: A Sustainability Window Analysis of Green Growth Productivity and the Efficiency Gap [J]. Journal of Cleaner Production, 2019 (211): 818 - 829.

[210] Michail L, Aleksandra L. The Effect of Service Clusters on the Sustainable Economic Development [J]. Economics and Culture, 2018 (2): 75 - 87.

[211] Mingdou Zhang, Hang Xiao, Dongqi Sun, Yu Li. Spatial Differences in and Influences upon the Sustainable Development Level of the Yangtze River Delta Urban Agglomeration in China [J]. Sustainability, 2018. 10 (2): 413 - 425.

[212] Miomir Jakšić, Milica Jakšić. Inclusive Institutions for Sustainable Economic Development [J]. Journal of Central Banking Theory and Practice, 2018 (1): 5 - 16.

[213] Mlachila M, Tapsoba R, Tapsoba J A. A Quality of Growth Index for Developing Countries: A Proposal [J]. Social Indicators Research, 2014 (2): 1 - 36.

[214] Nareeluck W. Role of Land Tenure Security and Farm Household Characteristics on Land Use Change in the Prasae Watershed, Thailand [J]. Land Use Policy, 2008 (2): 214 - 224.

[215] Northam R M. Urban Geography [M]. New York: John Wiley & Sons, 1975.

[216] Paul B. Cities and Economic Development [M]. Chicago University Press, 1991.

[217] Paul B, Gert - Jan H. Urban Competitiveness in the Knowledge Economy: Universities as New Planning Animateurs [J]. Progress in Planning, 2007 (67): 105 197.

[218] Quigley J M. Urban Diversity and Economic Growth [J]. Journal of Economic Perspective, 1998 (2): 127 - 138.

[219] Ramona T, Anca Ş. Education, Innovation and Economic Development [J]. Studies in Business and Economics, 2016 (2): 158 - 164.

[220] Ratha D, Mohapatra S, Scheja E. Impact of Migration on Economic and Social Development: A Review of Evidence and Emerging Issues [R]. Policy Research Working Paper, 2011.

[221] Romer P. Increasing Returns and Long-run Growth [J]. Journal of Political Economy, 1986 (4): 1002 - 1037.

[222] Rondinelli D A. Urban and Regional Development Planning: Policy and Administration [M]. Ithaca: Cornell University Press, 1975.

[223] Stelios H Z, Becerra-Fernandez I. Competitiveness of Nations: A Knowledge Discovery Examination [J]. European Journal of Operational Research, 2005 (166): 185 - 211.

[224] Sveikauskas L A. the Productivity of Cities [J]. The Quarterly Journal of Economics, 1975 (3): 393 - 413.

[225] Viju R, Wullianallur R. Innovation at Country - level: Association between Economic Development and Patents [J]. Journal of Innovation and Entrepreneurship, 2017 (1): 1 - 20.

[226] Webster D, Muller L. Urban Competitiveness Assessment in Developing Country Urban Regions: The Road Forward [R]. Paper Prepared for Urban Group, INFUD, The World Bank, 2000.

[227] Xianhui Hou, Jingming Liu, Daojun Zhang. Regional Sustainable Development: The Relationship between Natural Capital Utilization and Economic Development [J]. Sustainable Development, 2019 (1): 183 - 195.

[228] Yinxing Hong. The Major Innovations of Chinese Economic Development Theories in the New Era [J]. China Political Economy, 2018 (1): 13 - 29.

[229] Yu Zhang, Liyin Shen, Chenyang Shuai, Jing Bian, Mengcheng Zhu, Yongtao Tan, Gui Ye. How is the Environmental Efficiency in the Process of Dramatic Economic Development in the Chinese Cities? [J]. Ecological Indicators, 2019 (98): 349 - 362.

后 记

对于城市经济发展质量这一话题，从博士入学开始就有着浓厚的研究热情，而这恰恰与国家的重大决策需求相吻合。中共十九大指出：“我国经济已由高速增长阶段转向高质量发展阶段，正处在转变发展方式、优化经济结构、转换增长动力的攻关期”。这是对我国经济发展阶段变化和现在所处关口做出的一个重大判断，为今后我国经济发展指明具体方向、提出任务，具有重大现实意义和深远历史意义。近年来，城市高质量发展作为经济高质量发展理念在城市领域的具体应用，越来越受到理论界和城市政府部门的高度关注，各城市均把实现高质量发展作为奋斗的目标和取向，而如何实现城市经济的高质量发展则是新时代我们必须深入考虑的核心命题，也是需要强化的一个理论研究任务，也是本书问世的主要原因和目的。

本书是在我的博士论文《城市经济高质量发展的空间差异及收敛性研究》基础之上修改完成。首先，我要真诚感谢我的博士生导师王雅莉教授。四年前的九月我非常幸运地进入王雅莉老师的门下，跟随王老师攻读博士学位。四年来，王老师给予我无尽关心和厚爱。王老师为人和蔼可亲，文化修养深厚，培养博士生更是因人施教。课堂内，王老师用渊博的专业理论素养潜移默化地传授给我们做科研的思想和方法，幽默风趣、因材施教；课堂外，王老师的言传身教则又提升了我在人际交往方面的能力。这里我要衷心感谢王老师四年来对我的精心培养和悉心指导！尤其在我的论文写作过程中，王老师虽然科研与教学的工作缠身，但仍不厌其烦地一篇又一篇地指导我修改论文，提出许多宝贵的建议。从选题、开题、文献资料的搜集和整理，到研究思路的确立，再到论文的编写与修改，直至本书的完成，王老师都给予了我莫大的帮助和支持，在此致以最诚挚的敬意！

大连外国语大学马克思主义学院是一个特别温暖的大家庭，在这个大家庭里，我深受着领导们的呵护和各位同仁的关心，各位老师扎实的学术功底和深厚的学术造诣，培养了我敏锐的学术洞察力和钻研能力，成为我不断学习和进步的内在动力。在此，我要特别感谢大连外国语大学学科规划处领导、马克思主义学院的王桂泉院长、李宁书记、董杨副院长、何佳芮主任、刘昱主任、张艳宏老师、田丽主任、杨立国主任、杨冬主任、王丹老师、浦家滢老师、李娜老师等诸位同仁的全力支持，使得本书顺利完成。

本书的成稿得益于东北财经大学张明斗副教授、辽宁大学齐昕博士、大连海洋大学刘洋副教授和大连大学姜义颖博士等各位师兄师姐的关键性支持和指导，你们的宝贵意见使得本书逻辑更加清晰、内容更加丰满，在此表示真心的感谢。

感谢我敬爱的父母，是你们给了无尽的推力和动力，无数次的鼓励使我不敢停下脚步，拼命追赶，努力完成博士论文的写作，并获得博士学位。更要感谢我的爱人汤秀丽博士的默默付出与全力支持，给予我精神和物质上的双重支持。也要感谢爱子张宸的理解与配合，使我有充裕的时间完成本书。感谢我所有的亲人们，正是你们的关爱和支持，本书才得以顺利完成。

此外，在本书的写作过程中，参考并引用了大量的国内外文献，因篇幅所限，不能一一列示，在此向所有文献作者致以诚挚的谢意。

本书尚有很多不足之处，恳请各位专家学者批评指正，以期不断丰富和完善。本人会继续努力争取取得更优秀的成绩。

张景波

2020 年 8 月于大连外国语大学